변방에서 중심국가로
대한민국 혁신성장 패러다임

IN2KOREA
인투코리아

김득중 지음

박영사

들어가며

　전통 경제학에서는 국가의 부(富)를 창출하는 3대 요소가 영토, 자원, 인구라고 한다. 그런데 우리나라는 영토도 작고, 자원도 없고, 인구도 적다. 그럼에도 불구하고 50년이라는 짧은 기간에 우리는 세계 그 어느 나라도 이루지 못한 눈부신 경제발전을 이룩하였다. 2018년 수출은 사상 최초로 6,000억 달러를 돌파했으며, 무역수지는 705억 달러로 10년 연속 흑자를 기록하였다. 그러나 사상 최대 수출 실적에도 대한민국호에는 적신호가 연이어 켜지고 있다. 저성장, 저고용, 저출산 문제는 수년 동안 계속 우리 경제를 위협하고 있다. 심각한 것은 이러한 문제들이 앞으로도 개선될 여지가 많지 않아 보인다는 것이다. 정부는 혁신성장, 소득주도 성장, 일자리 창출 등을 위해 노력하고 있으나 상황은 호전되고 있지 않는 듯 하다.

　무엇이 문제일까? 왜 아무리 애를 써도 해결의 기미가 보이지 않는 것일까? 이 책은 필자가 지난 10년간 우리나라 IT기업의 해외진출을 지원했던 경험을 바탕으로 그 문제가 무엇이고 그에 대한 해답이 어디에 있는지에 대한 고민의 결과를 담고 있다.

　문제에 대한 해답을 찾기 위해서는 먼저 대한민국에 대한 이해부터 시작해야 한다. 우리나라는 50년 전만해도 못살던 나라였다. 변방의 못사는 나라는 잘사는 나라에 가서 무엇인가를 팔아야만 먹고살 수 있었다. 수출은 언제나 최고의 덕목이었고 경제를 살리는 최선의 방법이었다. 1960년대 이후 수출에 의존하여 성장해 온 우리는 아직도 수출이 경제를 살리는 최선의 방법이라고 인식하고 있다. 그러나 시대는 변했고 대한민국도 변했다. 대한민국은 세계 10위권을 넘보는 경제 강국이 되었다. 변화한 현 상황에서도 과거처럼 변방의 성장전략을 구사하는 것은 적정치 않은 것이다. 경제 강국에 맞는 새로운 성장의 패러다임이 필요하다.

그것은 바로 '중심 국가'로서의 전략이다.

중심 국가는 변방 국가와 달리 각국에서 몰려드는 흐름이 있다. 사람이 오고, 기업이 오고, 기술과 자본도 온다. 중심 국가는 이것을 기반으로 시장을 주도하며 성장한다. 변방과 중심의 가장 큰 차이는 '들어오고' '나감'에 있다. 들어오고 나감을 영어로 표현하면 인바운드(In-bound)와 아웃바운드(Out-bound)이다. 이 둘은 서로 반대되는 개념으로, 인바운드는 안으로 들어오는 흐름을 의미하며 아웃바운드는 바깥으로 나가는 흐름을 의미한다. 변방 국가는 중심 국가로 나가는 아웃바운드가 대부분이지만, 중심 국가는 변방으로부터 들어오는 인바운드와 변방으로 나가는 아웃바운드가 서로 균형을 이룬다.

우리는 그간 변방의 방식으로 성장해 왔기에 이러한 균형이 없다. 중심 국가가 되기 위해서는 인바운드가 필요하다. 인바운드 전략은 대한민국을 새로운 성장의 시대로 이끌 것이다. 세계 최고의 IT 인프라를 활용하고, 세계적인 한류를 활용하고, 우리만이 가지고 있는 잠재력을 더한다면 가능한 일이다. IT, 문화, 의료, 뷰티, 관광 산업은 우리가 세계 최고를 다툴 수 있는 분야이다.

뛰어난 인재, 미래 신기술, 혁신 기업과 글로벌 자본을 유치하여 성장동력을 만들고 내수를 확대하면 저성장, 저고용, 저출산 등 그간 우리가 풀지 못했던 문제들도 해결할 수 있다. 싱가포르, 두바이 등 우리보다 훨씬 열악했던 나라들도 각각 아시아와 중동의 중심 국가로 성장하였는데 우리가 못할 이유가 없다. 그들 국가에 비하면 우리나라는 몇 배, 몇 십 배 이상의 잠재력을 가지고 있다.

해외로 나가야 수출을 할 수 있다는 고정 관념도 버려야 한다. 독일은 박람회를 개최하여 바이어를 끌어들임으로써 국가 전체 수출의 80%를 이를 통해 이루어 낸다. 변방의 방식이 아닌 독일과 같은 중심 국가의 방식을 배워야 한다.

우리는 세계시장에서 인정받을 수 있는 강점들을 많이 가지고 있다. 이 책에서는 우리가 가지고 있는 강점들과 활용 방법 그리고 우리가 부족한 것들은 무엇이고 그것들을 어떻게 확보해 나갈 것인지에 대해 기술하였다.

인바운드를 전략 브랜드화한 것이 '한국으로 또는 한국 안으로'라는 의미를 가진 인투 코리아(In2Korea)다. In2Korea는 대한민국이 변방에서 중심 국가로 전환하기 위한 새로운 패러다임이고, 대한민국의 혁신성장을 위한 실천 방안이다. 중심 국가로 성장하기 위한 'In2Korea' 전략을 통해 대한민국은 이전과 다른 새로운 경제적 도약을 할 수 있을 것이라 확신한다.

　이 책이 나오기까지 오류가 많은 글을 일일이 보아가며 애정으로 도움을 준 친구 이훈 그리고 유대선 원장님께 감사의 말씀을 드린다. 10여 년간 국제협력사업의 길에서 만나 영감과 가르침을 주셨던 수많은 분들과 글로벌 사업을 함께 하며 동고동락을 같이 했던 직장의 동료 및 선·후배 분들께도 깊이 감사드린다. 끝으로 늘 곁에서 믿고 따라 준 아내, 듬직한 아들 그리고 예쁜 딸에게 사랑한다는 말을 전한다.

목 차

II

새로운 성장 전략, 인바운드

Ⅲ

인재 활용의 시대

I

변방에서 중심으로

In2Korea

대한민국은 못살던 나라였다. 1953년 1인당 GDP는 67달러에 불과했고, 전쟁으로 폐허가 된 땅에서 우리는 하루하루 먹고살 걱정을 해야 했다. 가진 것 없는 우리가 잘 살기 위해 선택한 방법은 수출이었다. 어딘가 잘 사는 나라에 가서, 우리가 만든 제품을 팔아 돈을 벌어야 했다. 1차 경제개발 5개년 당시 우리는 경공업 산업에 주력하였다. 메리야스, 팬츠를 팔아 돈을 벌었다. 가진 것이 없었기에 몸으로 돈을 벌기도 했다. 독일에 가서 광부, 간호사로 일하며 외화를 벌었고, 중동에 가서 건설 노동으로 돈을 벌었다. 물건이나 노동력 등 무엇인가를 팔아야만 먹고살 수 있었던 시기였다. '무역의 날'을 만들어 '수출 100만 불 탑', '수출 1,000만 불 탑' 등을 만들어 수출에 두각을 나타낸 기업들에게 포상도 하였다. 못사는 나라, 경제 변방국이 선택할 수 있는 최선의 방법이었다. 초등학교, 중학교, 고등학교에서도 수출은 중요하고 나라를 살리는 것이라고 배웠다. 수출은 미덕이었지만 수입은 국익에 반하는 것처럼 배웠다. 우리는 지금도 수출이 중요하고, 수출이 우리를 살릴 것이라는 믿음을 갖고 있다. 1964년 처음으로 '수출의 날'이 제정된 이후 50년이 넘는 세월이 흘렀지만 우리의 인식 속에는 여전히 수출이 최고의 덕목인 것처럼 각인되어 있다.

이제 그러한 틀을 깨야 할 시기가 왔다. 대한민국의 경제규모, 무역규모는 세계 10위권을 목전에 두고 있다. 더 이상 변방의 못살던 나라가 아니다. 지금에 와서도 과거에 택해야만 했던 변방의 전략을 그대로 답습해서는 안 된다. 경제 강국이라는 위상에 맞게 새로운 전략을 취해야 한다. 이제 변방에서 중심 국가로 전환해야 할 때이다.

나는 때로 TV, 신문 등 언론을 보면서 안타까울 때가 많다. 대한민국의 미래 전략을 논하는 이야기들의 대부분이 아직도 과거의 성장논리 안에 머무르고 있기 때문이다. 과거의 패러다임은 더 이상 우리를 성장의 길로 안내하지 못한다. 도약을 위해서는 새로운 방식이 필요하다. 그 시작은 '중심 국가'로 성장하기 위한 새로운 비전을 갖는 것이다. 중심 국가가 되어야 한다는 이야기를 꺼내면, 많은 사람들이 우리나라처럼 내수 시장이 작은 나라가 그렇게 되는 것이 가능한지 되묻곤 한다. 나는 가능하다고 확신한다. 왜냐하면 우리나라보다 훨씬 작고 환경도 열악한 나라들도 그것을 이루었기 때문이다.

아시아의 중심 싱가포르

싱가포르의 발전 전략

중심 국가로서 대표적인 나라가 싱가포르다. 천연자원도 없고 내수 시장도 작고 마실 물조차 없어 지금도 말레이시아로부터 물을 수입하는 나라지만, 싱가포르는 아시아의 금융, 물류, 항공, 관광, 쇼핑, 교육, 오일의 중심 국가이다. 말레이시아 연방으로부터 축출되었던 1965년 당시만 해도 싱가포르는 인구 160만 명의 작은 도시 국가에 불과했다. 하지만 지금은 세계에서 가장 붐비는 항구, 국제 항공사들의 비행편이 몰리는 공항, 국제 자본이 유입되는 금융 시장을 갖고 있다.

싱가포르의 과거 ◀

► 싱가포르의 현재

* 자료: 위키미디어 커먼스, chenisyuan

해적들이 출몰하고 식량과 식수조차 자급자족 못하던 작은 나라가 어떻게 50여 년 만에 이렇게 변할 수 있었을까? 싱가포르의 성공 요인을 분석해 보면 중심 국가가 될 수 있는 방법을 찾을 수 있을 것이다.

영어권, 동남아, 중국 등 인접 대형 시장 접근성 등 싱가포르는 자국이 가지고 있는 장점을 극대화하기 위해 일찍부터 중심 국가 전략을 추진하였다. 지리적 이점을 활용하여 공항과 항만을 개발하고 자유무역을 통해 기업을 유치하며 물류의 중심으로 성장하였다.

외국 자본을 끌어들이기 위해 외국인 투자에 대한 제약을 거의 두지 않는 등 과감한 유인책을 제공하였다. 세계 유수의 기업들을 유인하기 위해 영어 공용화 등 글로벌 수준에 맞는 비즈니스 생태계를 만들었으며, 관광산업을 육성하기 위해 종합 리조트 건설 및 전시산업을 육성하였다.

1990년대에 들어서면서 지식기반 경제의 도래를 인식한 고촉통 총리는 정보화 시대에는 인적 자원이 경쟁력과 성공의 핵심 요소임을 간파하고 외국 인재를 적극적으로 받아들였다. 기업, 자본, 인재에 대한 싱가포르의 개방형 정책은 GDP 성장, 국가경쟁력 향상, 교육 수준 향상 등 다양한 성과를 창출하였다. 최근에는 디지털 경제의 확산을 위해 '개방 혁신 플랫폼 전략'을 수립하는 등 선도적 정책을 지속 추진하고 있다.

싱가포르는 공식 언어가 4개다. 영어, 중국어, 말레이어, 타밀어다. 인구가 중국계 74%, 말레이시아계 13%, 인도계 9%로 구성된 다문화 국가인 까닭에 외국 문화에 대해서도 매우 개방적이다. 그 결과 인근 국가로부터 기업, 자본, 인재가 자연스럽게 유입될 수 있었다. 싱가포르는 지리적 여건, 다문화 국가라는 장점을 십분 활용한 개방형 전략을 추진함으로써 아시아의 중심으로 성장할 수 있었다.

중심 국가 전략을 담고 있는 싱가포르 경제개발청 비전

The Singapore Economic Development Board is responsible for strategies that enhance Singapore's position as a global centre for business, innovation, and talent.
싱가포르 경제개발청은 비즈니스, 혁신, 인재의 글로벌 중심으로서 싱가포르의 국익 향상을 위한 전략 수립을 담당한다.

* 자료: 싱가포르 경제개발청

아시아의 허브를 지향하는 싱가포르

항공 허브	아시아의 허브 공항 국제 항공사 80개, 매주 5,000개의 항공편 싱가포르 창이공항 7년 연속 세계 1위(스카이트랙스, 2019)
항만 허브	싱가포르항 연간 물동량 3,367TEU 세계 2위(2017) (부산항의 1.6배)
관광 허브	전 세계 관광 도시 브랜드 2위(AFP) 세계 100대 관광도시 4위(유로모니터, 2017) 2017년 해외 관광객 1,742만 명(우리나라의 1.3배)
교육 허브	2018년 세계 대학 순위(SQ World University Rankings) 난양공대 11위, 싱가포르 국립대학 15위 (서울대 36위, 카이스트 41위)
국제회의 허브	국제회의 개최 802건 1위(UIA, 2017) (서울 639건 3위)
오일 허브	세계 3위 정유 생산지 세계 3대 원유거래 시장
가상화폐 허브	가상화폐 ICO 세계 3위(ICObench, 2018)

인구를 유치하다

1870년 인구 7만 명, 1900년 20만 명, 1930년 50만 명. 숫자가 말해 주듯이 옛날의 싱가포르는 보잘것없는 작은 어촌 마을에 불과했다. 2007년 출산율이 1.16으로 세계 최하위 수준임에도 1990년부터 2015년까지 25년 동안 싱가포르 전체 인구는 82%나 늘어났다. 출산율이 최하위인데도 전체 인구가 늘어난 비결은 과감한 이민정책의 시행에 있다. UN 경제사회국(UN Department of Economic and Social Affairs)에 따르면 2017년까지 외국에서 태어나 싱가포르로 이주한 인구는 2,623,000명으로 전체 인구의 45%에 달한다. 인구의 절반 가까이가 외국 출신의 이민자이다.

싱가포르 이민자 증가 추이   (단위: 천 명)

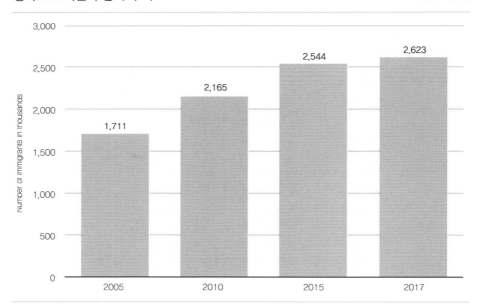

* 자료: https://www.statista.com

　　인구부족 문제를 해소하기 위해 추진한 이민 정책은 가장 강력하고, 즉각적이고, 효과적인 방법이었다. 이러한 이민 정책은 때로 외국인에게 일자리를 뺏기거나, 집값이 상승하는 요인이 되거나, 임금을 하향시키거나, 교육 기회를 빼앗고, 대중교통을 붐비게 한다는 등 자국민의 불만을 야기하기도 했다. 이러한 여론을 수용하여 싱가포르 정부는 이민 규모를 줄이는 대신 'Singapore Core(싱가포르의 핵심역량)'를 강화하는 방향으로 정책을 보완하며 추진 중이다.

　　싱가포르 정부는 외국 인재를 유치하기 위해 다양한 정책을 추진하였다. 대표적인 사례가 1997년에 세계 각국에 'Contact Singapore'라는 기관을 설치한 것이다. Contact Singapore는 아시아 이주에 관심 있는 외국인들에게 싱가포르에서의 일자리, 학업, 생활, 주거 정보 등을 제공하는 기관이다. 탁월한 외국인 스포츠 인재를 유치하여 국가대표 팀의 경기력을 향상시키기 위한 '외국인 스포츠 인재(Foreign Sports Talent)' 제도와 미래 인적자본을 확보하기 위한 외국인 학생 장학 제도도 마련하였다. 1999년에는 '21세기 인력유치 계획(The Manpower 21 Plan)'을 발표하여 산업 성장을 주도할 고급 해외 인력을 유치하기 위해 노력하였다.

　　싱가포르가 '인재'를 판단하는 일반적 기준은 월 급여, 교육 자격 및 근무 경험이다. 2017년 1월부터는 외국인 근로자가 싱가포르에서 취업하기 위한 최소 급여를 월 3,600싱가포르달러(약 300만 원)로 상향 조정하였는데, 일정 정도 이상의 급여를 받는 사람에게만 비자를 내어 줌으로써 양질의 인력들을 선별하기 위함이다.

　　싱가포르 정부가 추진하고 있는 일자리 창출 정책은 특기할 만하다. 지속적으로 양질의 일자리를 창출하기 위해 싱가포르 정부는 전문 경력이 있는 외국인을 유치하고, 그들을 통해 자국민을 육성함으로써 향후 싱가포르 기업들이 필요로 하는 인재를 배양하고 있다.

더 많은 부가가치를 창출하는 해외 기업

　　2017년도 세계은행이 발표한 기업하기 좋은 나라 순위에서 싱가포르는 2위를 차지하였다. 싱가포르 정부는 경제성장을 위해 기업하기 좋은 환경을 구축하고 외국 기업을 적극적으로 유치하기 위해 강력한 지원책을 펼치고 있다. 외국 기업을 지원하면 왜 외국 기업을 지원하느냐고 여론의 지탄을 받는 우리나라와 대비되는 모습이다. 최근에는 고부가가치를 창출하는 첨단 기술 산업 유치에 주력하고 있으며, 외국 기업에 대한 규제와 차별을 없애는 정책 기조를 취하고 있다. 예를 들면 외국 기업이라 하더라도 싱가포르에 법인을 설립하면 자국 기업과 차별을 두지 않고 동등하게 대우하고 정부로부터 다양한 지원을 받을 수 있다.

싱가포르는 2018년에 페이스북의 데이터 센터를 유치하는 데 성공하였다. 페이스북은 싱가포르에 10억 달러를 투자하여 아시아 최초의 데이터 센터를 건립하기로 하였는데, 이 데이터 센터는 2022년에 오픈할 예정이며 수백 개의 일자리를 창출할 것으로 예상된다. 구글도 싱가포르에 세 번째 데이터 센터를 설립하기로 하였다. 약 850억 달러의 투자가 예상되며 2020년 오픈 예정이다. 구글이 이전에 지은 두 개의 데이터 센터가 창출한 일자리는 1,000명 이상인 것으로 알려졌다. 이처럼 외국 기업의 유치는 자금의 유입 이외에도 일자리를 창출하는 긍정적 효과가 있다. 2018년 8월 우리나라를 찾은 수타트 추 싱가포르 거래소 총괄 부사장도 한국 기업이 싱가포르 증시에 상장할 경우 적극 지원할 것이라 표방하는 등 정부가 앞장서서 외국 기업 유치에 열을 올리고 있다.

다음 표는 매우 흥미로운 내용을 담고 있다. 싱가포르에 설립된 자국 기업과 해외 기업의 경제성장 기여도를 보여 주는데 자국 기업보다 해외 기업이 더 많은 부가가치를 창출하고 있음을 나타낸다. 해외 기업은 기업 수로만 보면 15% 정도에 불과하지만, 전체 일자리의 32%, 부가가치의 57%를 창출함으로써 싱가포르 경제에 큰 기여를 하고 있다. 해외 기업 유치에 소극적인 우리나라에게 시사하는 바가 크다.

싱가포르의 기업 수, 일자리 및 부가가치

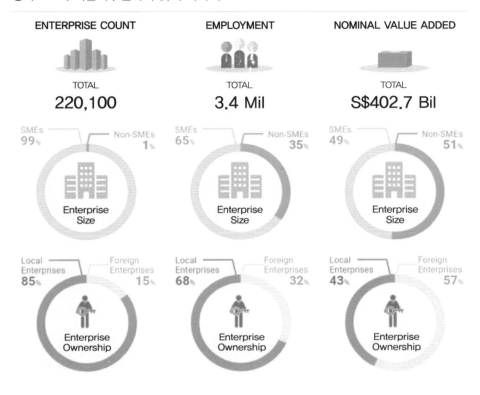

* 자료: 싱가포르 통계청(2017)

외국 자본을 활용한 일자리 창출

싱가포르가 경제적으로 성장하는 데 있어 결정적 영향을 미친 핵심 성공 요소는 외국인 직접 투자 유치 능력이다. 글로벌 리서치 기관인 ATKearney가 2018년에 발표한 FDI Confidence Index에 따르면 싱가포르의 2017년 외국인 직접투자 규모는 580억 달러로 우리나라의 130억 달러에 비해 무려 4.5배에 달한다. 국토 면적이 우리나라의 10분의 1밖에 안 되고 GDP도 5분의 1 수준에 불과한 싱가포르가 우리나라보다 외국 자본을 4배 이상 유치하고 있다는 사실이 놀랍다.

싱가포르 정부는 자국 내에 산업적 기반이 전무하다시피 했기에 막대한 자본이 필요한 산업 인프라 구축 재원을 외국인 투자 유치를 통해 확보하였다. 이를 위해 규제 완화, 유연한 노동시장, 낮은 조세 부담률 등 외국 기업들에게 매력적인 투자처가 될 수 있는 여건을 마련하였다. 정부가 앞장서서 외국 기업이 비즈니스에 성공할 수 있도록 지원제도를 세밀하게 준비하고 사회 전반의 제도와 시스템을 외국 기업의 수요에 맞게 지속적으로 개선하였다. 외국 기업의 직접투자를 통해 싱가포르 기업들은 외국 기업이 보유한 기술까지 자연스럽게 전수받을 수 있었으며 자신들의 혁신역량도 축적할 수 있었다.

이러한 일련의 과정을 통해 싱가포르는 2017년 세계경제포럼이 발표한 외국인 직접투자와 기술전수 순위에서 세계 2위에 랭크되는 등 외국인 직접 투자 면에서 세계 최고 수준의 국가가 되었다. 이렇게 유치된 외국 자본에 의해 매년 새로운 일자리가 만들어지고 있으며 2017년에만 약 2만 2,500개의 일자리가 창출되었다.

외국인 직접투자에 의한 부가가치와 일자리 창출 실적   (단위: 10억 싱가포르달러, 개)

구분	2016	2017	합계
고정자산투자	9.4	9.4	18.8
연간 부가가치 창출	12.9	17.2	20.1
일자리 창출	20,100	22,500	42,600

* 자료: 싱가포르 경제개발청(2017)

돈을 끌어들이는 싱가포르

글로벌 시장조사업체인 뉴월드웰스가 2000~2014년 동안 세계 백만장자들의 이민 실태를 분석한 결과 이들이 이민 지역으로 가장 선호한 곳은 영국, 미국, 싱가포르 순이다. 크레디트 스위스 조사 결과에서도 싱가포르의 백만장자 수는 25만 명으로 전체 인구의 4.5%에 달해 세계에서 백만장자의 비율이 가장 높은 국가로 알려져 있다. 돈만 있다면 이민이 쉬워 외국 자산가들은 싱가포르로의 이민을 선호한다. 우리에게도 잘 알려진 세계 3대 투자가 중의 한 명인 짐 로저스도 싱가포르로의 이민을 선택했다. 그가 싱가포르를 택한 이유는 아시아를 대표하는 금융허브, 낮은 환경오염, 높은 의료수준, 고품질 교육이라고 한다. 중국의 자산가들 역시 싱가포르로 이민을 많이 가고 있는데, 그 이유는 싱가포르가 인구를 늘리기 위해 세금 감면 등 적극적인 이민 정책을 실시하고 있기 때문이다. 그 결과 2012년 15만 6천 명 수준이었던 싱가포르 백만장자 수는 5년 만인 2017년에 25만 명으로 60% 가까이 대폭 늘어났다.

싱가포르 백만장자 수

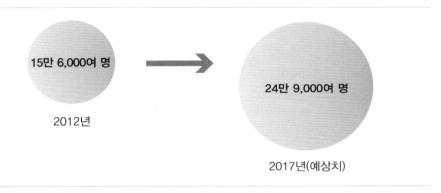

자료: 크레디트스위스

　암호화폐의 공개 자금 조달 국가로 가장 인기가 많은 곳을 꼽는다면 단연 싱가포르다. 싱가포르는 암호화폐 및 블록체인 벤처 기업의 전략적 글로벌 허브로서 입지를 확보해 나가고 있으며, 홍콩, 스위스와 함께 전 세계 3대 ICO(암호화폐 공개 자금 조달) 국가로 자리 잡았다. 싱가포르가 전략적으로 암호화폐에 대해 친화적이고 명료한 규제 프레임워크를 제공하고 있기 때문이며 ICO를 할 때마다 싱가포르는 수백만 달러의 자금을 유치하는 경제적 효과를 누리게 된다.

　싱가포르의 금융 규제기관인 싱가포르 통화감독청(MAS)은 일찍이 2014년 3월에 가상화폐는 규제 대상이 아니라고 선언을 했다. 2017년 11월에는 디지털 토큰 및 암호화폐 공모에 관한 싱가포르 증권 규정 지침서를 발행하는 등 ICO를 합법적으로 운영하기 위한 틀을 마련하였다. 이처럼 싱가포르는 미래의 통화가 될 수도 있는 암호화폐의 세계적 허브가 되겠다는 기조하에 시장을 개방하였다. 그 결과 2018년 10월 기준 싱가포르에서의 ICO는 396건으로 세계 3위다(ICObench).

한국 기업들도 싱가포르에서 ICO를 하는 경우가 많다. 국내 스타트업들이 ICO를 위해 싱가포르에 법인을 설립하면 직원 고용 및 각종 비용을 지출하게 되는데, 이런 혜택은 고스란히 싱가포르 정부와 국민에게 돌아간다. 기술은 우리 것이지만 돈은 싱가포르가 벌어 들인다. 국내에서 가장 큰 암호화폐 거래소를 운영하는 두나무도 2018년 10월에 싱가포르에 거래소를 오픈하였는데, 두나무가 싱가포르를 선택한 이유는 블록체인 허브 국가를 표방하며 산업을 육성하는 싱가포르의 정책 때문이다.

암호화폐에 대한 상반된 대응

- (싱가포르) 암호화폐 세계적 허브로 육성한다는 방침 아래 제도정비 마치고 시장 개방 (2018.5.2., 헤럴드 경제)
  - 국내 암호화폐 ICO 싱가포르로 몰린다.
- (한국) 국내 강력한 규제로 시장 피로감, ICO 기업 이어 투자자도 해외로(2018.8.31, 전자신문)
  - 손발 묶인 암호화폐 거래, 투자금 30조 脫한국

핵심 산업을 어떻게 육성하였나?

싱가포르는 바이오 산업 육성을 위해 바이오폴리스를 만들었다. 싱가포르 정부는 주력 산업이었던 물류, 금융 산업이 중국의 급부상으로 경쟁력이 계속 하락하자 위기감을 느끼고 새로운 전략 산업을 바이오로 선정하고 이를 육성하는 데 주력하였다.

싱가포르 바이오폴리스 개요

건립	2000년 ~ 2005년
위치 / 총면적	싱가포르 서남부 지역 / 34만㎡(여의도 1.5배)
일자리 창출	총 21,127개(연구개발직 5,427개, 생산직 15,700개)
주요 입주 기업	글락소, 스미스 클라인, 화이자, P&G 등

* 자료: 서울경제(2015.11.25.)

싱가포르 정부는 바이오 산업을 육성하기 위해 아이디어와 기술력만 가지고 있으면 국적, 기업의 크기, 인지도에 관계없이 바이오폴리스에 입주시켜 연구비와 연구시설을 제공함으로써 전 세계의 기업과 우수인력을 빨아들였다. 특히 세계적인 제약 기업들을 유치하지 못하면 글로벌 바이오 클러스터가 될 수 없다고 판단한 싱가포르는 외국 기업에게 파격적인 인센티브를 제공하는 등 국가 차원의 종합정책을 추진하였다. 그 결과 글로벌 10대 제약사 중 7개사, 50여 개의 글로벌 R&D 센터를 유치하였으며, 신규 고용인력 창출, 바이오 생산액 증대 등 경제성장에 큰 성과를 창출하였다. 바이오폴리스의 성공으로 물류·금융·관광이 중심이었던 싱가포르의 산업구조가 바꾸었으며, 바이오 산업은 GDP에서 세 번째로 높은 비중을 차지할 정도까지 성장하게 되었다.

기름 한 방울 나지 않는 싱가포르가 세계 3대 오일 허브의 하나라는 사실은 경이롭다. 싱가포르가 생산하는 정유의 양은 미국 휴스턴, 유럽 로테르담의 뒤를 이어 세계 3번째이며 원유 거래시장도 뉴욕, 런던 등과 함께 세계 3대 시장을 형성하고 있다. 싱가포르 정부가 주롱 섬을 동남아 최대의 오일 허브로 키우겠다는 정책을 추진한 결과, 주롱 섬에는 엑슨모빌, 쉘, 로열더치쉘, BP 등 세계 메이저 석유 회사들의 정유공장이 대거 자리 잡고 있다. 주롱 섬 해저에는 세계적 규모의 원유 비축기지가 구축되어 있는데 현대건설이 해저 원유기지 건설에 참여한 바 있다. 싱가포르는 오일 허브를 만들어 돈을 벌고 우리는 시공을 하여 돈을 번 셈이다. 우리나라와 싱가포르가 돈을 버는 방식이 서로 다르다는 것을 알 수 있는 대목이다.

허브가 되기 위한 해답
• 밑천 없던 싱가포르, 어떻게 '오일 허브 중심지'로 떴나? (2013.10.09, 울산매일)
 − 해답은 외국자본 유치 '친 비즈니스 정책'에 있었다.

과감한 개방을 통해 글로벌 허브로 도약하기 위한 싱가포르의 성장 전략은 효과적이었으며 이것이 싱가포르의 경제성장의 핵심 성공 요인으로 평가받고 있다. 외국 자본을 끌어들여 인프라를 구축하고 해외 기업과 인구를 유치하여 성장을

견인하는 중심 국가 전략은 우리가 향후 취해야 할 전략적 방향에 대해 시사하는
바가 크다.

싱가포르와 대한민국 비교

구분	싱가포르	대한민국	비고
인구	561만 명	5,125만 명	우리나라의 1/9 (세계은행, 2016)
면적	720㎢	100,210㎢	우리나라의 1/14
GDP	350 B.$	1,693 B.$	우리나라의 1/5 (IMF, 2018)
1인당 GDP	61,767$	32,775$	우리나라의 2배 (IMF, 2018)
외국인 투자 순위/규모	12위/580억$	18위/130억$	우리나라의 4.5배 (ATKearney, 2018)
GDP 대비 외국인 투자 유치 비율 (5년 평균)	21.3%	0.8%	우리나라의 27배 (WEF, 2018)
연간 관광객 수	1,742만 명	1,333만 명	우리나라의 1.3배 (2017)
연간 관광 수입	196억$	133억$	우리나라의 1.5배 (2017)
국가 경쟁력 순위	2위	15위	(WEF, 2018)
정부 규제의 부담	1위	79위	(WEF, 2018)
인재 유치 능력 순위	4위	42위	(WEF, 2017)
외국인 인력/비율	137만 명 (24%)	218만 명 (4.2%)	(싱가포르 통계청, 2017)
인력의 다양성	2위	82위	(WEF, 2018)
세계에서 이민 가기 좋은 나라 순위	1위	36위	(HSBC)

* 자료: 세계은행, IMF, WEF, 싱가포르 통계청, ATKearney, HSBC, 한국관광공사 등

사막의 기적 두바이

모래 바람의 땅

2015년 두바이에 출장을 간 적이 있는데 한 치 앞도 분간하지 못할 정도의 모래바람은 생전 처음이었다. 숨을 쉴 수도 눈을 뜰 수도 없는 상황이었다. 두바이에는 이런 모래 바람이 수시로 불어온다고 한다. 이와 같은 열악한 자연환경을 극복하고 두바이는 세계 명품도시가 되었다. 과연 그들의 노하우는 무엇일까?

두바이의 모래 바람 ◄

악조건을 극복하다

UAE의 수도 아부다비에서 자동차로 1시간 반 가량 사막을 가로질러 북동쪽으로 달리다 보면 거친 모래사막 한가운데에서 마천루들이 즐비한 인공도시를 만나는 경이로운 경험을 하게 된다. 영화에서나 나올 법한 미래 도시가 모래 황무지 건너편에 마치 다른 세상처럼 홀연히 나타나는 것이다. 자연 그대로의 황량한 사막과 인간이 만든 문명의 도시 경계선에 서 있을 때의 감회란… 사막의 끝자락에 서 있는 두바이는 인간이 자연의 힘에 굴하지 않고 위대한 문명을 만들 수 있는 의지와 능력을 증명하는 듯하다.

► 두바이 스카이라인

* 자료: 위키미디어 커먼스, Jan Michael Pfeiffer

많은 사람들이 두바이를 알고 있다. 세계에서 가장 큰 쇼핑몰 두바이 몰, 세계에서 가장 높은 빌딩 부르즈 칼리파, 세계 최대의 인공섬 팜 주메이라, 세계 최고급 호텔 부르즈 알 아랍, 세계 최대 실내 스키장 스키 두바이, 세계 최대 정원 두바이 미러클 가든, 세계 최대의 테마파크 두바이 랜드 등 두바이를 소개하기 위해서는 세계 최초, 최대, 최고라는 수식어가 항상 필요할 정도다. 요즈음 두바이는 미래 도시를 만들기 위한 또 다른 '최초'의 역사를 써가고 있다. 세계 최초의 3D 프린팅 사무용 건물을 이미 지었으며 세계 최초의 항공택시, 세계 최초의 블록체인 도시를 구축하겠다는 야심도 밝혔다.

최초, 최대, 최고 도시에 대한 세계인의 관심은 관광객의 숫자로 증명된다. 두바이 관광청에 따르면 2017년 두바이를 방문한 외국인 관광객은 1,579만 명으로 사상 최다를 기록하였다. 이들이 두바이에서 지출한 돈도 약 33조 원(2016년)에 달한다고 하니 이 도시는 외국인으로부터 매일 900억 원의 수익을 올리고 있는 셈이다. 유로 모니터는 두바이를 '2017 세계 100대 관광도시' 중 6위라고 발표하였다. 사막뿐이었던 악조건을 극복하고 세계 최고 수준의 관광도시가 된 것은 관광 산업이 자연적 요소에만 의존하지 않음을 보여 준다.

두바이의 관광 상품 ◀
* 자료: 두바이 관광청

　사람들은 오늘의 두바이는 잘 알고 있지만 메마르고 황량한 사막이었던 과거의 두바이에 대해서는 잘 알지 못한다. 두바이는 1833년 셰이크 막툼 빈 버티 알 막툼이 800명의 부족을 이끌고 세운 나라다. 단지 800명으로 시작된 부족 국가가 이제는 중동과 페르시아만 지역에서 뿐만 아니라 세계적인 대도시가 되었으며 중동 최대의 무역, 금융, 관광, 쇼핑, 이벤트, 항공, 항만, 물류 등 열거하기 힘들 정도로 다양한 분야에서 중심 국가가 되었다. 모래뿐인 나라가 관광의 중심지가 되었다는 것 자체가 어찌 보면 참 아이러니한 이야기다. 연중 최고 49도까지 올라가는 고온의 나라가 세계 최대의 실내 스키장을 보유하고 있다는 것도 난센스처럼 생각되지만 이게 현존하는 두바이의 실제 모습이다. 두바이는 다른 중동의 산유국과 달리 2020년이면 석유가 바닥날 것으로 예측되고 있고 인구도 300만 명에 불과하다. 그런 두바이가 어떻게 불가능한 것 같은 일들을 이루어 낼 수 있었을까? 무엇이 이 모든 것을 가능하게 했을까?

두바이의 중심 전략

　두바이는 지리적인 이점을 활용하여 일찍이 1970년대부터 물류, 비즈니스, 관광, 금융, 지식산업의 허브가 되기 위한 전략을 수립하여 시행해 왔다. 물류허브가 되기 위해 공항, 항만, 무역자유지역을 차근차근 건설하였고 비즈니스 허브가 되기 위해 두바이 국제 무역센터 건립 및 두바이 전략포럼회의를 개최하였다. 관광산업 육성을 위해 사막 한가운데 골프장을 건설하여 중동지역 최초로 유러피언 투어 이벤트를 개최하였다. 두바이 사막 클래식에는 매년 최고의 골프스타들이 참가하고 있다. 그 외에도 두바이 국제 영화제, 두바이 테니스 챔피언십, 두바이 쇼핑 페스티벌, 두바이 에어쇼 등을 개최하여 매년 수백만 명의 관광객을 유치하고 있다.

두바이의 발전 전략

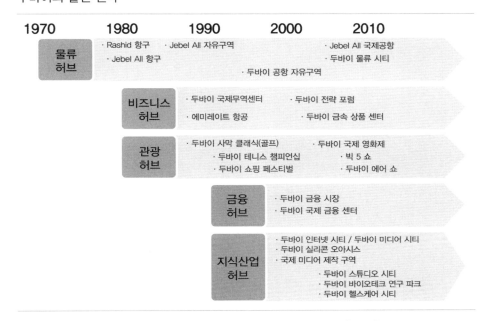

* 자료: 중동 · 아프리카 비즈니스 허브로서 두바이의 발전 전략과 시사점 재가공(전일수)

　석유 매장량이 많지 않은 두바이는 일찍부터 석유가 고갈될 것에 대비하여 석유수출로 벌어들인 오일 머니를 기반으로 중심 국가가 되기 위한 준비를 하였다. 석유 이외에도 인력, 자본 등 내적으로 가진 것이 거의 없다시피 했기에 부족한 자원을 외부에서 끌어 와야만 했다. 인력부족 문제를 해소하기 위해 외국인 근로자를 대규모로 채용하였으며, 외국 상인들에 대한 무관세 제도를 시행하여 주변 국가로부터 상인들의 유입을 촉진하였다. 1985년에는 중동 최초의 경제특구인 쟈발알리 자유무역지대를 건설하여 외국 기업들을 유치하였다. 자유무역지대에 입주한 외국 기업에게는 50년 동안 법인세 면제, 수입 및 재수출 세금 면제, 개인 소득세 면제 등의 조세 특혜를 제공하였다. 두바이는 가진 것이 아무것도 없었지만 강력한 개방정책을 통해 상상하는 모든 것을 현실로 실현하는 세계 제일의 도시로 변모하였다.

두바이 캐치 프레이즈

- 상상하는 모든 것이 이루어지는 두바이(두바이 관광청)
- Today, Tomorrow, Together(두바이 경제자유구역)

► 두바이 관광청 홈페이지

　　중심 국가로의 성장하기 위한 두바이 발전전략의 핵심은 '자유구역 조성'이다. 두바이 정부는 '두바이 기술 및 미디어 자유구역', '두바이 자동차 도시 자유구역' 등을 비롯하여 무려 34개의 각종 자유구역을 운영하고 있다. 자유구역에서는 UAE의 다른 지역과는 다르게 '외국인 지분 100% 허용', '타국으로 자금 송출 무제한 허용', '관세 및 법인세 면제', '노동쟁의 불인정' 등 다양한 특혜가 제공된다. 서울시 면적의 6배 정도에 불과한 두바이에 34개의 자유구역이 있다는 것을 감안할 때 두바이가 자유구역 조성에 얼마큼 적극적인지를 알 수 있다.

두바이 자유구역의 특징

- 100% 사업 소유 허용
- 100% 자본 및 과실 송금 허용
- 100% 수출입관세 면제
- 15년간 법인세 면제
- 개인소득세 면제
- 무제한 외국환 거래 및 진입 장벽 없음
- 자유로운 비자정책 (입주기업이 원하는 인력은 제한 없이 채용 가능)
- 노동쟁의 불인정
- 'One－stop shop' 행정서비스
- 다양한 물류·교통인프라, 다양하고 편리한 지원시스템

* 자료: 중동 · 아프리카 비즈니스 허브로서 두바이의 발전 전략과 시사점 재가공(전일수)

최근에는 '세계 최고, 세계 최대'에서 '세계 최초로'라는 새로운 캐치프레이즈를 내걸고 두바이를 미래 도시로 만들기 위한 새로운 실험을 하고 있다. 드론 택시, 로봇 경찰, 하이퍼 루프, 블록체인 도시, 미래 박물관, 화성 과학도시 건설 등 두바이를 혁신과 미래 기술의 테스트 베드이자 글로벌 허브로 만들기 위해 과감한 투자를 진행하고 있다. 사막의 도시가 세계의 중심으로 성장하기까지 취해 왔던 허브 전략은 우리에게 의미 있는 시사점을 남겨 준다.

글로벌 싱크 탱크

두바이 국왕 셰이크 모하메드는 중심 국가 구상을 구체화하기 위해 국적, 인종, 종교에 무관하게 전 세계에서 영입한 2,000명의 전문가로 이루어진 싱크 탱크(think tank)를 구성하였다. 그 싱크 탱크의 이름이 '아이디어 오아시스(Idea Oasis)'다. 얼마나 멋진 표현인가? 물이 샘솟는 오아시스처럼 아이디어로 사막을 풍요롭게 만드는 집단이란 의미다. 중요한 것은 이슬람 문화에서 중시되는 종교적 이슈가 이 싱크 탱크 안에서는 전혀 문제가 되지 않는다. 싱크 탱크는 인종과 종교를 초월하여 전 세계의 유능한 인재로 구성되었기에 이 안에서 나오는 아이디어들은 자연스럽게 세계인의 감성과 문화에 결합될 수 있었다. 당연한 일이겠지만 싱크

탱크가 고안하고 셰이크 모하메드가 추진한 정책들은 글로벌 시장에서 매우 성공적인 결과들을 만들어 내었다.

우리 기업들도 해외진출을 위해 다양한 전략을 수립한다. 필자가 글로벌 사업을 10년 가까이 해 오면서 경험한 것 중 안타까운 것은 글로벌 전략을 수립하는 데 있어 글로벌 인재의 참여가 거의 없다는 현실이다. 글로벌 시장에 대한 이해가 부족한 사람들이 모여 글로벌 전략을 수립하면 과연 그 전략이 얼마나 유효한 것이 될 수 있을까? 상식적으로 그럴 가능성은 매우 낮다. 글로벌 전략을 제대로 수립하기 위해서는 글로벌 인재의 참여가 필요하다. 효과적인 글로벌 전략은 글로벌 마인드, 글로벌 시각, 글로벌 문화에서 나올 수 있기 때문이다.

각종 해외진출과 전략을 수립하는 과정에서 보다 다양한 외국 인재의 참여가 필요하고 외국 국적이라 하더라도 인재를 적재적소에서 활용하는 것이 바람직하다.

해외시장 진출을 염두에 둔 기업이라면 해외 인력 채용을 고려해 보아야 한다. 해외시장 개척을 위해 개최되는 전략회의에 현지 출신의 외국인 전문가가 얼마나 참여하고 있는지도 점검해야 한다. 그렇지 않고서는 글로벌 감각이 빠진 채 우리의 입맛에만 맞는 결과물이 나올 수밖에 없을 것이다. 두바이의 아이디어 오아시스 같은 글로벌 싱크 탱크가 우리에게도 필요하다.

외국인들이 안 오고는 못 배기게 하라

두바이의 지도자 셰이크 모하메드는 "외국인들이 안 오고는 못 배기게 두바이를 개조하라"고 천명하며 두바이를 글로벌 비즈니스를 위한 최적의 입지로 만들어 글로벌 기업들을 유치하는 데 성공하였다. 쇼핑 페스티벌, 골프, 경마, 자동차 경주 등 세계적인 스포츠 행사를 기획하여 관광객들을 끌어들였다. 그는 '세계 역사를 다시 쓴다'는 의미로 'History Rising'이란 캐치프레이즈를 내걸고 두바이의 역사뿐만 아니라 세계 역사를 새롭게 써 가고 있다.

두바이가 개최하는 연례 국제행사

- (골프) Dubai Desert Classic (PGA European Tour)
- (테니스) Tennis Championship
- (경마) World Cup Horse Race
- (쇼핑) Dubai Shopping Festival
- (쇼핑) Dubai Summer Surprises Festival
- (영화) Dubai International Film Festival
- (건설·건축자재) Big 5 Show (중동지역 최대의 건설 및 건축자재 전시회)
- (항공) Dubai Air Show
- (보석) International Jewellery Dubai (중동지역 최대 보석전시회)
- (가구) Meddle East International Furniture, Interiors & Retail Design Exhibition
- (채용) Meddle East HR Summit
- (의료) Arab Health Exhibition
- (자동차 부품) Meddle East Auto Spare Parts show
- (경영) Leaders in Dubai (International Leadership Summit)

두바이 통치자 셰이크 모하메드 어록

"Dubai was founded on trade, not oil."

두바이는 석유가 아니라 무역에 기초를 두었다.

"I want Dubai to be number one. Not in the region, but in the world. Number one in everything."

나는 두바이가 세계 최고가 되기를 원한다. 지역이 아니라 세계에서, 그리고 모든 면에서.

"The bigger your vision, the bigger your achievement will be."

당신의 비전이 클수록 당신의 업적은 더 커질 것이다.

"Determination, strategy and vision for the future are our real resources in the quest for excellence and success."

미래를 위한 결정, 전략, 비전은 탁월함과 성공을 위한 도전에 있어서 우리의 진정한 자원이다.

"An easy life does not make men, nor does it build nations. Challenges make men, and it is these men who build nations."

쉬운 삶은 사람을 만들지 않으며, 국가를 건설하지도 않는다. 도전은 사람을 만들고, 국가를 건설하는 것은 바로 이 사람들이다.

"Whether you are a deer or a lion, You have to run fast to survive."

당신이 사슴이든 사자이든, 살아남으려면 빨리 달려야 한다.

집을 사면 바다를 드립니다

두바이 하면 떠오르는 것 중의 하나가 인공섬 프로젝트다. 팜 주메이라, 팜 쟈발알리, 팜 데이라, 더 월드 등 4개의 인공섬은 우주에서도 보일 정도로 어마어마하다. 인간의 상상력이 최고조에 달한 프로젝트임에 틀림없다. 이 프로젝트는 해변의 길이를 늘려보겠다는 야심찬 계획으로 시작되었다. 이 프로젝트가 완성되면 당초 74km에 불과했던 두바이의 해안선은 1,500km까지 20배 이상 늘어나게 된다. 인상적인 것은 이렇게 늘린 해변에 호텔과 리조트 그리고 주택이 들어선다는 것이다.

두바이는 이렇게 만든 주택들을 세일즈할 때 '집을 사면 바다를 함께 드린다'는 인상적인 문구를 내걸었다. 집을 사면 덤으로 정원처럼 펼쳐진 바다를 함께 살 수 있는 곳, DUBAI, Do Buy! 쇼핑의 천국이란 표현이 틀린 말이 아니다. 무한한 상상력으로 만들어 낸 최상의 마케팅 전략이다.

► 해변의 길이를 늘이겠다는 상상으로 만들어진 팜 주메이라

주메이라 섬의 개인주택 마케팅 전략 "집을 사면 바다를 함께 드립니다." ◀

Dubai Shopping

DUBAI, Do Buy!
쇼핑의 모든 것을 파헤쳐 보자!

쇼핑몰이 너무 커서 길을 잃어도 걱정하지 말자!
언제나 새로운 샵이 너를 반기기 때문에 두바이 쇼핑은 해도 해도 끝이 없다.

쇼핑에 죽고 쇼핑에 사는 쇼퍼홀릭에게 두바이는 천국과 같은 곳이다. 쇼핑을 좋아하지 않는 사람이라도 세계적 명성의
쇼핑몰을 구경하는 것 자체만으로 즐겁다. 현대적인 쇼핑몰 외에 두바이에만 존재하는 수크(전통시장)는 1년 365일 관광객을 유혹한다.

밤 12시까지
쇼핑몰에 사람이 바글바글

두바이에서의 저녁은 심심할 틈이 없다.
대부분의 쇼핑몰들이 밤 12시까지 운영을 하기
때문이다. 단, 두바이의 일요일인 토요일에는
오후부터 문을 여는 곳도 있으니 미리 확인하고
방문하자.

GOLD to go
the gold ATM

두바이의 캐치프레이즈 'Do Buy!' ◀

싱가포르와 두바이로부터 얻는 시사점

싱가포르와 두바이의 공통점은 둘 다 애초에 자원도 없고 땅덩어리도 작은 보잘것없는 나라였다는 것이다. 그럼에도 불구하고 두 나라는 기적과 같은 역사를 일궈 내어 각기 동남아와 중동에서 중심 국가로서의 위상을 확고히 하였다.

두 나라의 가장 큰 공통점은 글로벌화를 위해 해외로 진출한 것이 아니라, 기업하기 좋은 환경을 자국 내에 조성하고 과감한 개방을 통해 외국의 자본, 기업, 인재를 불러들인 것이다. 아직도 세계시장으로 나가야만 성공할 수 있다는 사고를 가진 우리에게 두 나라의 중심 국가 전략은 시사하는 바가 크다.

싱가포르와 두바이의 공통점

중심 국가로 성장하기 위한 허브(Hub)화 전략을 추진
(자금) 외국인 직접투자(FDI)를 통해 동력이 될 수 있는 재원을 확보
(인재) 국적에 관계없이 외국 인재를 적극적으로 유치·활용
(기업) 개방 정책으로 외국 기업에게 친화적인 비즈니스 환경을 제공
(지리) 지리적 이점을 활용
(문화) 다국적 문화, 다국적 사회를 수용

03

변방의 패러다임을 버려야 한다

수출만이 살길이다?

그간 우리나라가 경제 성장을 이루기까지 수출은 큰 역할을 했다. 수출로 성장을 해 왔기 때문에 아직도 우리의 머릿속에는 수출이 중요한 전략적 돌파구라는 관념이 깊게 자리하고 있다. 수출은 예전부터 언제나 중요한 이슈였고 지금도 여전히 경제 성장을 위한 유일한 해법처럼 인식되고 있다. 그런데 과연 1960~70년대에 추진했던 수출 주도 성장전략이 수십 년이 지난 지금도 여전히 유효할까? 1964년부터 강조되어 왔던 수출 제일주의가 50년이 더 지난 지금에 와서도 최고의 전략적 가치를 지니고 있는지에 대해 이제는 의문을 가져 봐야 한다.

1960년대 수출 제일주의는 일종의 신앙이었다. 값싸고 풍부한 양질의 노동력을 가졌었기에 경쟁력도 있었고 가능한 일이었다. 1964년에 만들어진 '수출의 노래'가 있다. "만들자 보내자 벌어들이자 번영에의 외길은 수출뿐이다"라는 가사처럼 수출은 번영의 외길이었다. 1960년대 초 최대의 수출품은 철광석과 같은 광물자원이었지만, 1965년 이후에는 섬유와 가발이 주요 수출 품목이었다.

• 1964년 12월 5일, 수출의 날 지정 기념식, 박정희 대통령 기념사
  "우리 국민이 선천적으로 타고난 재질과 저렴하고 풍부한 노동력을 최대한 활용해 다각적인 생산 활동을 더욱 활발히 하고, 여기서 생산되는 공산품의 수출을 진흥시키는 데 가일층 노력하자."

• 1969년 12월 1일, 제6회 수출의 날 기념식, 박정희 대통령 기념사
"수출은 국력의 총화이자 척도이며 차관상환·농공병진, 그리고 경제발전 등
산적한 과제 때문에 이의 증대는 과거 어느 때보다도 절실하다."

수출의 노래

<가사>
지혜와 땀방울 함께 쏟아서
모두가 뛰어난 우리 제품들
만들자, 보내자, 벌어들이자
번영에의 외길은 수출뿐이다
일터마다 거리마다 넘치는 활기
늘어가는 수출에 커가는 나라
(김대식 작사, 황문평 작곡, 1964)

* 자료: 대한민국 역사박물관

1960년대에는 제품 이외에도 실업문제 해소와 외화획득을 위해 인력도 수출
하였다. 1963년에 시작된 파독 광부와 간호사의 규모는 총 2만 명에 달했다. 노동
력도 외화를 벌기 위한 중요한 수출 자원이었다. 당시 독일에 광부로 파견되어 일
을 했던 어느 분의 일기가 가슴을 아리게 만든다. 60cm 높이의 굴속을 6시간 동
안 기어 다니면서 온몸으로 참아내야만 했던 고통의 크기를 나는 짐작할 수조차
없다. 대한민국의 가난을 극복하기 위해 한국의 젊은이들이 겪어야만 했던 인고
의 이야기다.

1965.5.21. 금요일, 해
굴속에서 이렇게 머리가 아파 보기에는 처음이다.
어떠한 고통도 어려움도 참아 가면서 일을 할 수 있는 인내를 길렀다.
그래서 6시간 동안 시종일관 기어 다니면서만 일을 하였다.
그래도 육체적인 고통은 별로 느끼지 안 했는데, 머리가 어떻게 아픈지 몰랐다.
난 겨우 일을 마치고 나오게 되었다.

어느 파독 광부의 일기

* 자료: 대한민국 역사박물관

1970년대에 들어서도 대통령은 '수출이 국력의 총화'라고 강조하였고 100억 달러 수출을 달성하자는 목표를 제시하며 수출주도의 전략을 변함없이 실행했다.

• 1976년 12월 29일, 수출진흥확대회의, 박정희 대통령

"수출은 국력의 하나의 총화"라고 강조하면서 "1981년 100억 불 목표를 달성해 보자 했는데 4년 앞당겨 100억 불대 돌파"하자는 목표를 새롭게 제시

자료: 수출진흥확대회의 녹취록 심화연구, KDI, 2014

이 시대에 만들어진 '수출 행진곡'이 있다. '나가자 우리들도 수출 전선에, 줄기찬 의욕으로 수출 늘려서 웃으며 복된 살림 함께 이루자.' 수출을 열심히 하는 게 살길이고 그래야 잘 살 수 있게 될 것이라는 노래다.

수출 행진곡

<가사>
눈부신 조국건설 태양도 밝다
나가자 우리들도 수출전선에
줄기찬 의욕으로 수출 늘려서
웃으며 복된 살림 함께 이루자
수출은 우리 살길 비약의 발판
오대양 육대주로 뻗어 나가자
(오경웅 작사, 박시춘 작곡, 1975년)

* 자료: 대한민국 역사박물관 소장

1970년대 중반에 불어 닥친 오일쇼크는 대한민국 경제를 휘청이게 했다. 이때 등장한 것이 오일 머니를 가지고 있는 중동 국가로의 건설 인력 수출이었다. 열심히 인력을 수출하면 우리 경제가 발전할 것이라는 포스터가 거리에 나붙었다. 반공 이데올로기와 결합되어 수출을 열심히 하는 게 반공이라는 포스터도 제작되었다.

* 자료: 대한민국 역사박물관, 전주 역사박물관

1980년대를 지나 1990년대에 이르러서도 무역 전문가들은 한결같이 수출 확대의 필요성을 역설하였고 침체된 경기를 부양하는 방법은 수출을 늘리는 길뿐이라고 주장하였다.

• 1998년 5월 7일, "긴급진단, 수출만이 살길이다."(한국경제)
  무역 전문가들은 한결같이 수출확대의 필요성을 역설. 침체된 경기를 부양하는 데 수출촉진이 가장 효과적. 단기에 많은 외화를 얻을 수 있는 방법은 당장 수출을 늘리는 길뿐

2000년대에도 '수출만이 살길'은 대통령의 입을 통해 계속 강조되었다.

• **2008년 12월 2일, "수출만이 살길"** (무역의 날, 이명박 대통령 기념사)
　"내년 상반기가 가장 어려울 것, 우리나라가 이 위기를 이겨 내기 위해서는 수출만이 살길"이라고 역설. "지금의 위기를 이겨 내기 위해서는 보다 적극적인 자세로 수출시장을 뛰어 나서야"

50년이 지난 2010년대에 이르러서도 '수출만이 살길'이라는 주장은 여전히 경제성장 논리의 주류로 인정받고 있고, 내수에서 수출로 더욱 전환되어야 한다는 논리가 여전히 언론매체를 통해 재생산되고 있다.

• **2018년 7월 1일, "오직 수출만이 살길이다."** (신동아)
　연구개발 및 생산 구조를 내수 중심에서 수출 중심으로 전환해야 한다. 수출을 지원하고 장려하는 법률도 제정해야 한다. 틈새시장, 틈새 품목을 찾아 공략해야

수출만이 살길이던 시대는 지났다

변방의 작은 나라 대한민국은 수출로 성장해 왔다. 수출은 빠른 신장세를 보이며 우리 경제 성장을 견인해 왔다. 그러나 최근의 연구조사에 따르면 수출의 내수에 대한 파급효과가 둔화되고 있다고 한다. 과거에는 수출이 증가하면 내수도 증가하고 고용도 증가했지만 이제는 과거와 달리 이와 같은 연관관계가 약화되었다는 것이다.

시대가 바뀌고 경제적 상황이 바뀐 지금에 와서도 과거처럼 수출 주도형 성장 모델을 그대로 답습하는 것은 옳은 방법이 아니다. 그러나 안타깝게도 우리는 관성적으로 성장을 논할 때 수출 중심의 사고 틀을 크게 벗어나지 못하고 있다. 알게 모르게 오랫동안 머릿속에 각인된 수출이 중요하다는 관념이 객관적이고 합리적인 사고를 저해하고 있다.

다음 표에 나타난 것처럼 수출의 GDP 파급 효과는 갈수록 줄어들고 있다. 수

출은 계속 성장세에 있지만 민간소비, 건설투자, 설비투자는 수출의 증가와 상관
관계가 없어 보인다.

수출의 GDP 파급 효과

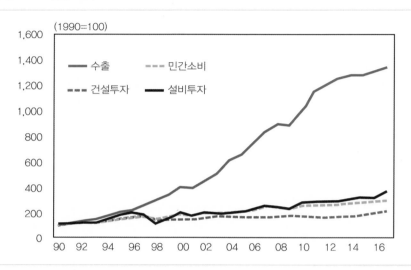

* 주: 1) 1990년을 100으로 지수화
* 자료: 한국은행

　　수출 주도 성장 패러다임을 극복해야 하는 이유가 또 있다. 선진국은 GDP 대
비 내수 비중이 큰 것에 반해, 우리는 수출의 비중이 과다하여 대외 환경이 변하
면 우리 경제도 함께 흔들리는 문제를 낳고 있다. 다음 표에 나타난 것처럼 주요
선진국은 내수 비중이 75%를 상회한다. 이에 비하여 우리는 60%대 초반에 불과
하여 무역 관련 이슈가 발생할 때마다 국내 경제가 크게 영향을 받는 구조가 되어
있다. 이 문제를 극복할 수 있는 방법은 국가 경제에 미치는 수출의 영향력을 줄
이고 내수 경제를 확대하는 것이다.

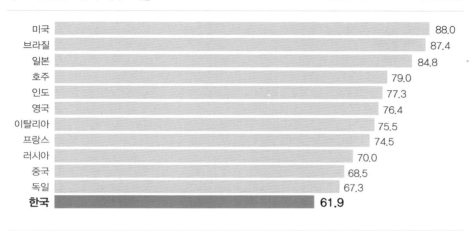

주요국 GDP 대비 내수 비중 (단위: %, 1996~2015년 평균값)

미국	88.0
브라질	87.4
일본	84.8
호주	79.0
인도	77.3
영국	76.4
이탈리아	75.5
프랑스	74.5
러시아	70.0
중국	68.5
독일	67.3
한국	**61.9**

* 자료: 국회예산정책처

낙수효과, 확 줄었다

낙수효과란 '흘러내린 물이 바닥을 적신다'는 뜻으로 대기업 또는 부유층의 성장을 장려하면 중소기업과 저소득층에게까지 그 혜택이 파급되면서 경제가 동반 성장한다는 이론이다. 하지만 낙수효과는 더 이상 유용하지 않은 것으로 평가되고 있다.

1980년대까지는 저임금 노동력을 바탕으로 한 노동 집약적 산업이 주된 수출 분야였기 때문에 수출이 늘게 되면 일자리도 같이 늘어날 수 있었다. 하지만 1990년대 이후에는 수출이 기술·자본·장치 집약적 산업 중심으로 변화됨에 따라 수출이 증가하더라도 고용 창출이 이전만큼 생기지 않게 되었다.

다음 표에 나타난 것처럼 수출 10억 원이 유발한 취업자 수가 2000년에는 15명이었지만 2014년에는 절반 수준인 7.7명까지 떨어졌다.

수출의 취업유발 계수 추이

구분	2000년	2005년	2010년	2014년
취업유발계수	15.0	10.1	7.6	7.7

* 자료: 한국은행

2018년에 발표된 '수출의 내수 파급효과 분석' 자료에는 수출과 내수, 수출과 고용창출의 연관관계에 대한 연구 결과가 포함되어 있다. 수출과 내수와의 관계는 1990년대 이후 점차 약화되는 모습을 보이다가 2000년대 이후 상당 폭 하락하였으며 2010년대 이후에는 마이너스로 전환되었다고 한다. 수출을 많이 해도 민간소비, 건설투자, 설비투자 등 내수와는 별 다른 관계가 없다는 것이 확인되고 있다.

수출이 확대되면 투자와 생산이 늘어나게 되어 새로운 사람을 고용하게 되고, 이로 인해 소득이 증가하고 내수가 성장한다는 논리는 과거 노동 집약적 수출 구조에서는 가능했다. 그러나 수출이 확대되더라도 값싼 노동력을 찾아 해외로의 투자가 활성화되면서 국내투자는 상대적으로 줄어들었다. 반도체와 같은 기술 집약적 산업의 경우 신규 고용창출이 필요치 않게 되었고, 산업 현장에서의 생산성 향상도 새로운 인력의 공급을 덜 요구하게 되었다. 이러한 영향으로 수출의 고용유발 효과가 크게 약화되었고, 수출이 일반 가계 소득에 대해 기여하는 정도도 역시 축소되었다.

과거의 노동 집약적 수출 구조

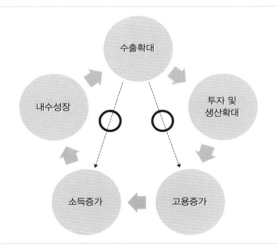

현재의 기술자본 집약적 수출 구조

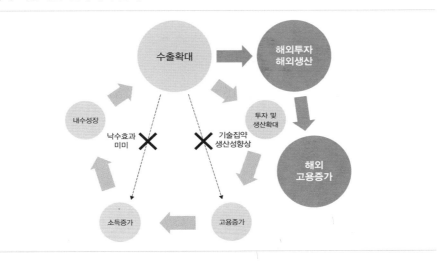

수출의 시대는 지났다

• 수출 늘어봐야…고용효과 20년 만에 10분의 1토막 (이투데이, 2018.7.13.)
• 수출 늘면 내수 확대는 옛말…"2010년 이후엔 파급효과 감소"(연합뉴스, 2018.7.13.)

대한민국은 아직도 수출 중

  2018년 9월 11일 모 일간지에 우리나라 건설회사가 말레이시아와 두바이에서 4,200억 원의 초고층 복합건물 공사를 수주하는 데 성공했다는 기사가 실렸다. 세계에서 가장 높은 빌딩인 두바이의 부르즈 칼리파는 삼성물산이 지었고 싱가포르에서 가장 아름다운 건물인 마리나 베이 샌즈는 쌍용건설이 건설하였다. 대단한 실적들이다. 하지만 곰곰이 생각해 보면 마냥 좋아할 만한 일이 아니다. 우리가 싱가포르와 두바이의 초고층, 초호화 빌딩을 우리 손으로 지었다고 자랑하고 있을 때, 싱가포르와 두바이는 이들 건축물을 랜드마크로 활용하여 전 세계 관광객을 유치하며 지속적으로 막대한 돈을 벌어들이고 있기 때문이다. 계속 남의 건물을 지어 주면서 그것을 자랑으로 여길 일인가 생각해 봐야 한다. 이름난 해외공사 수주를 위해 노력하는 우리와, 이름난 랜드마크를 건설하여 경제성장을 도모하는 것 중에서 어느 것이 현명한 전략인지 재고해 봐야 한다. 시대를 앞서가는 전략과 시대를 뒤처져 가는 전략 중 더 나은 것을 선택해야 한다.

우리나라의 수출구조를 보면 특이한 사실을 알게 된다. 제조업에 대한 의존도가 지나치게 크다는 것이다. 제조업 중에서도 반도체, 자동차, 석유화학, 석유정제 등 상위 10대 산업의 비중이 전체 수출액의 70%를 차지할 정도로 특정 산업에 편중된 수출 구조를 가지고 있다. 따라서 우리가 일반적으로 '수출'을 이야기할 때는 제조업의 수출을 지칭하는 것과 같다고 볼 수 있다.

산업별 수출 비중(%)

산업 구분	2013년	2014년	2015년	2016년	2017년
제조업	99.65	99.65	99.57	99.67	98.14
폐수처리 및 자원재활용	0.13	0.14	0.13	0.12	1.51
농림어업	0.16	0.14	0.13	0.13	0.12
광업	0.06	0.06	0.07	0.06	0.07
기타	0.01	0.01	0.11	0.02	0.16
합 계	100	100	100	100	100

* 자료: 산업통계분석시스템

10대 산업별 수출액 비중(%)

순위	산업	2017년	누적
1	반도체	17.4	17.4
2	자동차	11.5	28.8
3	석유화학	8.8	37.6
4	조선	7.1	44.8
5	석유정제	6.4	51.1
6	특수목적기계	4.9	56.0
7	철강	4.4	60.4
8	일반목적기계	4.0	64.4
9	통신기기	3.0	67.4
10	조립금속	2.9	70.4

* 자료: 산업통계분석시스템

서비스 산업의 전략적 가치

서비스 산업은 GDP와 고용 측면에서 중요한 역할을 한다. 우리나라의 경우 GDP에서 서비스 산업이 차지하는 비중은 약 59%이고 전체 일자리의 73%를 창출한다. 선진국으로 갈수록 서비스 산업의 GDP 비중은 점점 더 높아지는데 미국은 80%, 영국은 79%, 프랑스는 78%에 달한다.

서비스 산업 명목GDP 비중 (단위: %, 2013년 기준)

자료: 한국무역협회 국제무역연구원

산업별 고용비중 (2016년 기준)

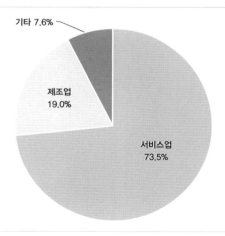

* 자료: 산업통계분석시스템 재가공

2016년 기준, 서비스업 매출 10억 원당 직·간접적으로 유발되는 취업인원은 17.3명으로 제조업의 8.8명에 비해 크며, 국내 서비스 산업이 선진국 수준으로 발전할 경우 2030년까지 최대 69만 개의 일자리 창출이 가능한 것으로 조사되었다. 경제성장과 일자리 창출에 있어서 서비스 산업이 가진 전략적 가치가 그만큼 크고 중요하다.

하지만 아직까지 제조업에 비해 서비스 산업이 관심을 크게 받고 있지 못하고 있다. GDP 기여도, 일자리 창출 기여도는 제조업보다 훨씬 큼에도 불구하고 서비스업에 대한 정책적 중요도가 낮게 평가되고 있는 원인 중의 하나는, 수출에 있어서 제조업에 대한 의존도가 지나치게 크기 때문이다. 수출이 중요한 정책 아젠다이기에 서비스업이 경제 성장, 일자리 창출에 더 큰 역할을 하고 있음에도 불구하고 제대로 평가를 받지 못하고 있다. 수출 주도 성장 논리를 극복해야 하는 또 하나의 이유이다.

세계무역기구(WTO)에 따르면 글로벌 서비스 무역 규모는 지속적으로 증가하고 있고, 총 무역에 있어서 서비스 무역의 비중도 지속 증가하고 있는 것으로 조사되었다.

세계 서비스 무역 규모 및 비중   (단위: 억 달러)(%)

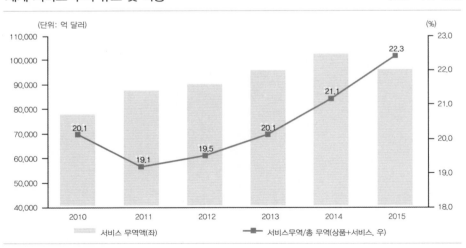

* 자료: WTO, 서비스 산업 해외 진출을 위한 제도 개선방안(한국무역협회, 2017)

　이러한 추세를 고려할 때 우리 경제에서 큰 비중을 차지하고 있는 서비스 산업이 보다 활발하게 수출될 경우, 일자리 및 부가가치 창출에 크게 기여할 수 있을 것으로 예상된다. 하지만 국내 서비스의 수출 경쟁력은 경쟁국에 비해 취약한 실정이다. WTO 자료에 따르면 영국, 미국, 프랑스 등 주요 선진국들은 전체 수출에서 서비스 수출이 차지하는 비중이 각각 79%, 50%, 47%에 달하지만 우리나라는 겨우 18% 수준에 머무르고 있어 서비스 수출 활성화를 위한 적극적인 대책 마련이 필요하다.

총 수출 중 서비스 수출 비중(%)

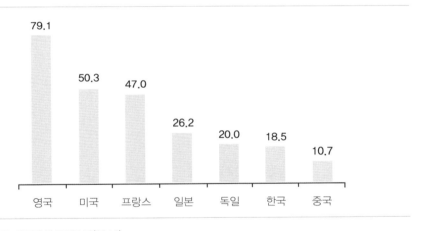

* 자료: WTO, 한국은행 국제수지(2016)

　정부는 2001년 이후 약 20여 차례에 걸쳐 서비스 산업 육성 전략을 수립하고 산업 경쟁력 향상을 위해 지속 노력해 왔다. 그간의 성과와 한계를 바탕으로 서비스 산업의 수출 경쟁력을 보다 강화하고 선진국 수준까지 해외진출을 확대하기 위해서는 서비스업의 특성을 고려한 다른 차원의 접근이 필요하다.

　서비스업은 제조업과 다른 무형성, 소멸성, 동시성, 변동성 등의 특성을 가지고 있다. 서비스의 산출물은 무형적이라 실체를 만지거나 눈으로 직접 볼 수 없고 산출물을 저장할 수도 없고 품질 측정도 곤란하다. 그렇기 때문에 제조업에 비해 수출이 상대적으로 까다롭고 어렵다. 또한 서비스업은 사회·문화적인 요소에 영

향을 크게 받기 때문에 국가와 지역마다 각기 다른 형태로 서비스되어야 외국 소
비자에게 수용될 수 있다.

서비스업의 일반적 특성

특 성	내 용
무형성	유형적 대상이 아니어서 실체를 객관적으로 느낄 수 없음
소멸성	수요에 대비하여 산출물을 저장할 수 없음
동시성	생산 과정에서 소비가 동시에 이루어짐
변동성	서비스의 품질 수준이 항상 일정할 수 없으며 품질 측정이 곤란

* 자료: 서비스 산업 해외 진출을 위한 제도 개선방안(한국무역협회, 2017) 재가공

대표적인 서비스 산업으로는 의료, 관광, 금융, 소프트웨어, 콘텐츠, 교육, 물
류, 유통 등이 있는데 이들 산업의 대부분이 해외 진출에 많은 어려움을 겪고 있
고 수출 성과를 지속적으로 창출하는 기업도 많지 않다. 그 원인이 어디에 있는지
알아보는 것은 매우 중요하고 의미 있는 일이 될 것이다.

서비스 산업의 해외 진출이 어려운 이유

IT관련 공공기관에서 재직하고 있는 필자는 지난 10여 년 동안 우리 기업의 해
외진출을 지원하는 일을 해왔다. 그간 1,000여 개가 넘는 IT기업들의 해외진출을
지원하면서 느낀 것은 우리 기업의 해외진출이 정말 어렵다는 것이다. 휴대폰과
같은 하드웨어 제품은 사람이 직접 보고 만지고 체험할 수 있고 시간과 장소에 따
라 제품의 품질이 크게 변하지 않는다. 어느 나라를 가든지 제품이 가지고 있는
본질적인 특성이 일정하다. 반면 서비스 제품은 그렇지 않다. 사람이 직접 볼 수
도 만질 수도 없고 체험하기 곤란한 경우가 대부분이다. 시간과 장소에 따라 품질
이 크게 좌우되고 어느 나라를 가든지 각 시장의 특성에 맞도록 서비스를 현지화
하지 않으면 소비자들의 수요를 이끌어 내기 힘들다. 서비스 상품은 문화적 요소
가 포함되어 있어 그 나라의 문화를 잘 알지 못하면 고객 확보에 실패하게 된다.

서비스 제품은 제조 상품처럼 전시회에 나가서 물건을 보여 주고 써보게 하기

도 곤란하다. 대표적인 서비스 제품이 소프트웨어 솔루션이다. 소프트웨어는 나라마다 환경이 다르기 때문에 일일이 현지화된 제품을 개발해야 한다. 그렇기 때문에 소프트웨어 제품이 제조 상품과 동일한 방식으로 해외 진출에 성공한다는 것은 거의 불가능한 일이다. 이처럼 서비스 제품을 수출하기 위해서는 각 나라의 환경과 각각의 서비스 제품이 가지고 있는 특성을 고려하여 해외진출 전략을 마련해야 한다.

물고기와 어항

그간의 해외 진출 방식 ◀

그간 우리나라 서비스 기업의 해외진출 방식은 위 그림과 같은 방식이었다. 국내에서 성공한 기업은 한정된 국내 시장에 안주하지 않고 해외 시장을 개척하기 위한 경로를 밟는다. 이쪽 어항에 살던 물고기가 건너편 어항으로 도약하는 일은 도전적인 일이지만 실패할 경우 위기 상황을 맞이해야 하는 위험한 일이다. 실제로 국내 중소기업이 해외 시장을 개척하려 할 경우 많은 리스크를 감수해야 한다. 실패할 경우 기업 운영에 심각한 타격을 입게 되기 때문에 대부분의 기업들이 해외 진출을 주저하고 꺼리게 된다.

정부는 기업의 해외진출을 지원하기 위해 자금, 멘토링, 파트너 연계 등 다양한 지원 사업을 추진하고 있다. 정부의 지원 방식을 단순하게 비유해 보면 이쪽 어항에서 단련된 건강하고 튼튼한 물고기가 저쪽 어항으로 건너가 살아남을 수 있도록 도와주는 방식이다. 그런데 현실 세계의 상황은 그리 단순하지가 않다. 미국 시장에 건너간 한국 물고기는 미국 어항이 그간 살아왔던 한국 어항의 생태계와 전혀 다르다는 현실에 맞닥뜨리게 된다. 비즈니스 문화가 다르고, 적용되는 규제가 다르다 보니, 그간 한국에서 열심히 운동하여 강한 체력을 길렀지만 수질과 환경이 다른 생태계에서는 비즈니스를 제대로 할 수 없게 된다. 한국에서 열심히 개발한 서비스가 미국 사람들의 입맛과 취향에 맞지 않는다는 것도 깨닫게 된다. 갈수록 헤엄도 제대로 칠 수 없고 숨쉬기도 어려운 상황으로 빠져들게 된다. 이것이 지금 우리 기업들이 미국 시장을 개척하는 과정에서 실패를 거듭하는 대략의 시나리오다.

문제는 체질이 아니라 수질

체력이 좋은 물고기를 퍼 나르는 방식은 해외진출 확대에 큰 효과가 없다. 지속가능한 효과를 보기 위해서는 체질 개선보다 수질 개선을 먼저 해야 한다. 물고기 하나하나를 옮기기보다 건너편 어항의 물, 수초, 모래, 자갈 등을 우리 쪽 어항으로 옮기는 게 더 효과적이다. 수질이 개선되면 해외진출이 용이해지고 성공 사례도 늘어나게 된다. 수질이 비슷해지면 건너편 세계에서도 쉽게 적응할 수 있기 때문이다.

이러한 까닭에 개별 기업의 해외진출을 지원하는 것과 더불어 한국 생태계 내에 글로벌 다양성을 확보하는 것을 병행해야 한다. 우리 기업들이 글로벌 시장으로 잘 진출토록 하기 위해서는 글로벌 비즈니스 문화를 우리 안으로 유입시켜야 한다. 직접적이고 효과적인 방법은 글로벌 인재, 기업, 기술, 투자자들을 우리 산업 생태계로 끌어들이는 것이다. 그렇게 되면 이전보다 훨씬 더 수월하게 글로벌 시장으로 진출할 수 있게 된다. 나가는 것만이 능사가 아니다. 끌어들이는 것도 필요하다. 이렇게 하여 만들어지는 국내 생태계 전반의 글로벌화는 우리 기업들이 해외 시장에 적응할 수 있는 환경을 제공하게 된다.

우수한 제품과 서비스를 가지고 있음에도 불구하고 해외 진출에 곤란을 겪게 되는 이유는 언어의 장벽, 비즈니스 문화의 장벽, 네트워크의 장벽과 같은 환경적 요인이 대부분이다. 더 큰 관심을 가지고 해결해야 할 문제는 체질 개선이 아니라 수질 개선이다.

Ⅱ

새로운 성장 전략, 인바운드

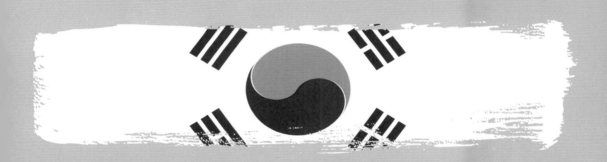

In2Korea

　시바(Shiva)는 파괴의 신으로, 힌두교 3대 신 중의 하나이며 힌두교 내에서 가장 대중적이고 널리 숭배되는 신이다. 시바는 파괴의 신이면서도 창조의 신이며 세계를 멸망시키고 파괴시키며 동시에 변화시키고 재건하는 역할을 담당한다. 인도인들에게 죽음은 새로운 형태의 삶으로 전이되는 것을 의미하듯이 힌두 사상에서 파괴나 해체는 부정적인 의미가 아니라 새로운 창조를 의미한다. 시바를 통해 기존의 낡은 방식과 사고를 버리지 않고 새로운 방식과 사고를 할 수 없다는 동서고금의 진리를 깨달을 수 있다.

　현대 혁신경영 이론 중에 이와 비슷한 사례가 있다. 하버드 경영대학원 클레이튼 크리스텐슨(Clayton Christensen) 교수가 1995년에 창안한 파괴적 혁신이론이다. 파괴적 혁신이론은 21세기 비스니스계에 가장 큰 영향을 끼쳤다는 평가를 받고 있다. 크리스텐슨 교수는 혁신을 존속적 혁신(Sustaining Innovation)과 파괴적 혁신(Destructive Innovation)으로 구분하였는데, 존속적 혁신은 기존 제품을 끊임없이 개선하여 보다 높은 가치를 보다 높은 가격에 제공하는 전략인 반면, 파괴적 혁신은 현재 시장의 대표적인 제품에 못 미치는 제품을 도입해 고객이 원하는 수준만큼의 제품과 서비스를 더 낮은 가격으로 제공함으로써 기존 시장을 파괴하고 새로운 시장을 창출한다.

　과거에도 현재에도 파괴는 기존 세계의 끝이 아니라 새로운 세계의 시작을 의미한다. 위기의 시대 대한민국에게 필요한 것은 기존 방식의 답습이 아니라 새로운 패러다임의 도입이다. 과거 성장전략을 수정하는 정도로 우리가 지금 겪고 있는 경제 위기 상황을 벗어날 수 없다. 파괴의 신 시바가 갖고 있던 제3의 눈처럼 제3의 패러다임을 도입하여야 한다. 올드 패러다임으로는 변화와 혁신이 끊임없이 일어나는 21세기 국제사회에서 경쟁력을 확보할 수 없기 때문이다.

04

세계의 중심이 되는 인바운드

글로벌화가 잘못 해석되어 있다

대부분 '글로벌화'하면 '해외로 나가는 것'으로 해석을 한다. 글로벌화란 단어를 어학 차원에서 분석하면 '글로벌'이란 외래어와 '화(化)'라는 우리말로 이루어졌다. 사전적 의미는 '세계화'와 동의어로서 '세계 여러 나라를 이해하고 받아들이는 것 또는 그렇게 되게 하는 것'을 의미한다. 이렇게 보면 우리가 일반적으로 해석하고 있는 의미와 국어사전에 나오는 의미가 서로 다르다는 것을 알 수 있다.

왜 이런 인식의 오류가 발생했을까? 그 이유는 고정관념에 우리가 사로잡혀 있기 때문이다. 수출 중심으로 성장해 온 우리나라에선 수출이 중요한 이슈였기 때문이다. 그러다 보니 글로벌화란 신조어가 만들어질 때 그것을 해외로 나가는 것으로 생각하게 된 관념적 오류를 범했다. 지금이라도 글로벌화를 올바로 재해석해야 한다. '글로벌화'는 해외로 나가는 'Going global'이 아니라, 글로벌 스탠다드를 받아들이고 우리 스스로 그렇게 되는 'Being global'이 맞는 것이다. 글로벌화는 바깥 세상으로 나가는 것이 아니라 우리가 스스로 '세계화되는 것'이다. 글로벌화를 제대로 이해하지 못하고 잘못 해석하니 자연히 여러 가지 문제들이 나타나게 된다.

그렇다면 제대로 된 글로벌화란 어떤 것일까? 그에 대한 해답은 글로벌화가 가장 잘 된 실리콘밸리에서 찾을 수 있다. 실리콘밸리에 있는 기업들은 다양한 나라에서 온 사람들로 구성되어 있다. 다양한 국적, 다양한 인종, 다양한 문화, 다양한 사고가 어우러진 환경에서 만들어지는 제품과 서비스는 기획 초기 단계부터 글로벌화되어 있다. 인종과 문화적인 다양성을 바탕으로 만들어진 서비스는 세계 어느 나라에서건 통용될 수 있는 DNA를 태생적으로 갖게 된다. 구글, 페이스북, 아마존, 마이크로소프트와 같은 기업들은 각양각색의 인종들이 모여 제품과 서비스를 기획하고 개발한다. 이렇게 개발된 제품과 서비스는 세계 어느 나라에서나 사용될 수 있게 된다.

하지만 아쉽게도 우리는 이것이 매우 부족하다. 세계 시장을 겨냥하여 만들어지는 서비스는 한국인의 관점에서 디자인되는 경우가 대부분이기 때문에 그 결과가 긍정적이지 않게 된다.

"디자인은 프로세스다"라는 말이 있다. 창의적 아이디어의 산물이라고 볼 수 있는 디자인조차 프로세스가 중요하다는 말이다. 잘 세팅된 프로세스를 거치게 되면 좋은 결과를 얻을 수 있다. 글로벌 서비스를 만들기 위해서는 다양한 국적과 문화적 배경을 가진 사람들의 참여가 필수적이다. 그들에 의해 기획, 개발, 테스트될 때 세계 시장에서 성공할 수 있는 글로벌 서비스는 자연스럽게 만들어지게 된다.

잘못된 해석이 가져온 결과

글로벌화에 대한 해석이 잘못되다 보니 심각한 문제가 야기된다. 예를 들면 투자의 글로벌화로 막대한 자본이 유출되고 교육의 글로벌화로 유학수지 적자가 계속 발생하고 있다. 우리나라는 2017년에 관광, 투자, 교육 등 3개 분야에서 약 42조 원의 적자를 기록하였다. 같은 해 전체 무역을 통해 약 105조 원의 흑자를 냈지만, 단지 이 3개 분야에서의 적자가 총 무역흑자의 40% 수준에 달했다.

대표 적자 수지

구분	투자수지	유학수지	관광수지	합계
수지	적자 23조 원	적자 4조 원	적자 15조 원	적자 42조 원

* 자료: 국가지표체계, 교육통계서비스(2017)

▸ 투자수지 적자

투자 부문의 글로벌화는 국내 투자 생태계를 글로벌 수준으로 만드는 것이지 우리가 해외에 대한 투자를 늘리는 것이 아니다. 이를 잘못 해석함으로써 2008년부터 2017년까지 10년 동안 해외로 나간 투자 금액이 우리나라로 들어온 투자 금액보다 무려 3배가 많다. 해외로 나가는 'Going global'에 주력하고 스스로 글로벌화가 되는 'Being global'에 소홀하다 보니, 외국 기업의 입장에서 볼 때 국내 투자 생태계는 여전히 글로벌 수준에 못 미친다. 코트라가 발간한 '2017 외국인투자기업 경영환경 애로조사 보고서'에 따르면 외국인 투자기업 4곳 중 1곳만이 한국의 경영환경에 만족하고 있다고 한다. 적극적인 규제 완화 정책 등을 통해 투자 매력도를 높이는 등 투자 부문의 '글로벌화'를 위해 노력하지 않으면 투자의 글로벌화는 요원하다. 싱가포르 사례처럼 외국 기업의 국내 투자 확대는 일자리 창출에 효과적임을 참고하여 지금이라도 국내 투자 환경의 글로벌화를 위해 노력해야 한다.

▸ 유학수지 적자

유학 측면에서도 매년 큰 적자를 기록하고 있다. 유학으로 인해 2017년 한 해에만 약 4조 원의 유학수지 적자를 기록하였다. 최근 8년간 해외로 유학을 간 학생은 184만 명이고 국내로 유학을 온 해외 학생은 75만 명으로 약 109만 명의 유학생 수지 적자를 기록하였다. 해외로 간 우리 유학생들의 60% 이상이 귀국할 의사가 없다는 설문조사 결과를 감안할 때 인재 측면에서 발생하는 지속적인 적자 상황은 국가의 미래를 심각하게 위협하고 있다.

유학생 유입 vs. 유출 비교 (단위: 명)

구분	2010	2011	2012	2013	2014	2015	2016	2017	합계
국내→해외	215,887	262,465	239,213	227,126	219,543	214,696	223,908	239,824	1,842,662
해외→국내	83,842	89,537	86,878	85,923	84,891	91,332	104,262	123,858	750,523
유학생 적자	132,045	172,928	152,335	141,203	134,652	123,364	119,646	115,966	1,092,139

* 자료: 교육통계서비스, 학위 및 연수과정 포함

▶ 관광수지 적자

우리나라의 대표적인 적자 수지 중의 하나가 관광수지 적자다. 아래 그래프에서 나타난 것처럼 관광수지 적자폭은 최근 들어 급격히 증가하고 있고, 2017년에만 약 137억 달러(한화 15조 원)의 관광수지 적자를 기록하였다. 관광수입은 정체하고 있는데 해외여행으로 지출되는 금액이 계속 급증하고 있기 때문이다.

반면 일본은 2013년부터 '관광 입국' 정책을 추진한 결과 외국인 관광객과 관광수입이 급증하고 있다. 비자발급 요건 완화, 면세점 대폭 확대, 금기시되었던 카지노 운영 등을 통해 정책 추진 5년 만인 2017년 외국인 관광객 2,869만 명, 관광소비 4조 4,000억 엔(한화 44조 원)으로 역대 최대치를 기록하였다. 2014년 2조 엔(한화 20조 원) 수준이었던 관광수익이 3년 만에 두 배 이상 성장하였다. 우리나라의 2017년도 전체 무역수지 흑자가 104조 임을 감안할 때 일본의 관광수지 흑자는 우리나라 총무역수지 흑자의 44%에 해당할 정도로 엄청난 규모이다.

방일(訪日) 외국인 여행 소비액 추이

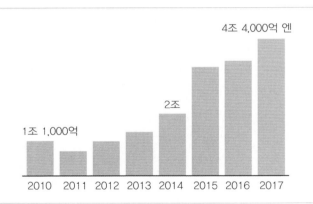

* 자료: 일본 관광청

일본 정부는 도쿄 올림픽이 열리는 2020년까지 외국인 관광객 4,000만 명 유치, 소비액 8조 엔(한화 80조 원)을 목표로 하고 있다. 2030년에는 6,000만 명 유치, 소비액 15조 엔(한화 150조 원)이란 야심 찬 목표도 세웠다. 관광산업의 중요성에 대한 일본의 인식이 어느 정도인지 가늠해 볼 수 있는 수치라고 하겠다.

일본의 관광비전 목표

구분	2020년	2030년
방일 외국인 관광객 수	4,000만 명	6,000만 명
방일 외국인 관광객 소비액	8조 엔(한화 80조 원)	15조 엔(한화 150조 원)
지방부(3대 도시권 이외) 방일 외국인 연 숙박객 수	7,000만 명	1억 3,000만 명
방일 외국인 재방문 수	2,400만 명	3,600만 명

* 자료: 일본관광청(2016)

도쿄 시내를 둘러보면 놀라는 것 중의 하나가 시내 곳곳에 면세점이 즐비하다는 것이다. 일본의 유명한 할인점 '돈키호테'에서 5,000엔(한화 5만 원) 이상의 물건을 사면 7~8%의 세금을 할인해 준다. 엔저(円低)로 일본 물가가 저렴한 데다가 할인점이기에 물건 값이 더욱 싸다. 외국인에게는 세금까지 환급해 주니 쇼핑을 좋아하는 사람의 입장에서는 있는 돈을 탈탈 털어 그야말로 싹 쓸어 담고 싶어진다.

아베 총리가 관광산업에 역점을 둔 이유는 내수에만 의존해서는 일자리 창출이 어렵다고 판단했기 때문이다. 아베 정권은 '인구 감소 → 내수 감소 → 경기 침체' 현상을 타개하기 위해 외국인을 끌어들이는 정책을 추진하였다. '외국인 관광객 유치 → 내수 진작 → 고용 확대 → 소비 증가'로 발상의 전환을 하여 저출산·고령화로 인한 내수 감소를 외국인 관광수입으로 메꾼 것이다.

2017년 일본을 찾은 외국인 관광객은 2,870만 명으로, 1,333만 명을 기록한 한국의 두 배를 넘었다. 우리나라는 관광수지 적자가 15조 원인 것에 반해, 일본은 관광수지 흑자가 12조 원에 이른다. 일본의 관광산업은 일자리 창출의 일등공신으로 2018년 6월 기준으로 전년에 비해 104만 개의 일자리를 추가 창출한 것으로 조사되었다.

2014년까지만 해도 우리나라가 일본보다 외국인 관광객이 더 많았지만 지금은 상황이 완전히 역전되었다. 2013년 아베 정권이 추진한 관광입국 정책을 계기로 한일 간의 관광산업이 명암이 갈린 것이다.

방문 외국인 관광객 수 비교   (단위: 만 명)

구분	2011	2012	2013	2014	2015	2016	2017
일본	622	836	1,036	1,341	1,974	2,404	2,869
한국	979	1,114	1,218	1,420	1,323	1,724	1,333

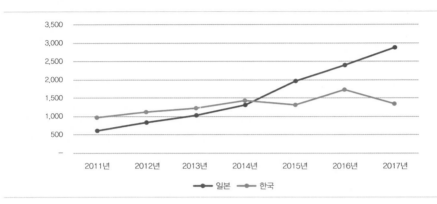

급격히 악화되고 있는 우리나라 관광수지 적자   (단위 : 억 달러)

구분	2008	2009	2010	2011	2012	2013	2014	2015	2016	2017
관광 수입	97	98	103	123	134	145	177	151	172	133
관광 지출	145.8	110.4	142.7	155.3	164.9	173.4	194.7	215.3	236.9	270.7
관광 수지	△48.6	△12.6	△39.9	△31.8	△31.4	△28.2	△17.6	△64.4	△64.9	△137.5

* 자료: 국가지표체계

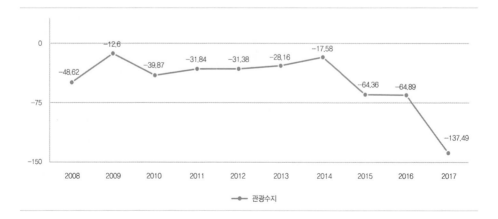

인바운드 없이 글로벌화 없다

인바운드란 '들어오는 흐름'을 뜻한다. 인바운드 전략은 변방이 아니라 중심의 전략이다. 찾아가는 것이 아니라 찾아오게끔 하는 전략이다. 돈을 벌러 나가는 것이 아니라 돈이 들어오도록 하는 것이다. 과거가 아닌 미래의 방식이며 폐쇄가 아닌 개방을 지향한다.

인바운드 전략이 필요한 이유는 일자리를 만들고 내수를 진작시킬 수 있기 때문이다. 4차 산업 혁명과 국경이 없는 시대에 국내의 한정된 인력, 기술, 자본만으로는 성장이 한계에 봉착할 수밖에 없다. 저성장 시대에 돌입한 우리나라에게 필요한 것은 새로운 동력원의 확보이며 그 해답이 인바운드에 있다.

전 세계의 혁신 인재, 기업, 기술, 자본이 대한민국으로 흘러들어 오게 하는 시스템을 만들면 새로운 일자리를 만들 수 있다. 국적을 초월한 혁신 자원이 유입되는 흐름을 만들면 새로운 성장 동력을 확보할 수 있다. 글로벌 시장에서 한국이 최고인 분야, 비교우위를 가진 분야부터 시작하면 된다.

우리끼리 만들면 우리만의 것이 된다. 세계인과 같이 만들면 세계인의 것이 된다. 인바운드는 외국의 인재, 기업, 기술, 자본의 유입을 통해 혁신성장을 가능케 하는 전략이며 시장을 키우고, 내수를 일으키고, 일자리를 만들고, 국부를 창출할 수 있는 대한민국의 미래 성장 전략이다.

방향을 바꾸지 않으면 방향이 바뀌지지 않는다. 당연한 말이다. 그런데 우리는 과거에 취해 왔던 방향을 바꾸지 않은 채 결과가 달라질 것을 기대하고 있는 것 같다. 수출로 이룬 성공신화가 이제는 오히려 걸림돌이 되고 있지 않은지 살펴봐야 한다. 변방이었던 우리나라가 과거에 취해 왔던 생존 전략을 지금에 와서도 그대로 답습하는 것은 현명한 방법이 아니다. 생존하기 위해서는 새로운 전략을 선택해야 한다. 변방이 아닌 중심 국가의 전략을!

필자는 2013년부터 우리나라 스타트업의 성장과 글로벌 진출을 지원하는 업무를 수행하였다. 당시만 해도 스타트업이란 용어가 생소하여 스타트업을 지원하고 있다고 하면 '스타트업이 무엇이죠?'라는 질문을 받기도 했다. 스타트업이 성장하기 위해서는 국내 스타트업 생태계를 제대로 조성하는 게 필요했는데, 당시 실리콘밸리 창업 생태계에서 중요한 역할을 했던 것이 액셀러레이터였다. 액셀러레이터는 유망한 스타트업에게 초기 자금을 투자하고, 멘토링 등의 프로그램을 제공하여 성장토록 지원한 후, M&A 등을 통해 주식을 매각함으로써 투자금을 회수하는 새로운 형태의 비즈니스 인큐베이터다.

필자는 정부 정책의 일환으로 시작된 액셀러레이터 육성사업을 최초로 담당하였는데 우리나라에는 아직 생소했던 개념이라 미국의 사례를 벤치마킹할 필요성을 느꼈다. 이를 목적으로 추진한 것이 '글로벌 액셀러레이터 육성사업'이다. 국내 액셀러레이터가 해외 액셀러레이터의 노하우를 빠르게 습득할 수 있도록, 국내 액셀러레이터와 해외 액셀러레이터가 컨소시엄을 구성하여 사업에 참여할 수 있도록 설계하였다.

그 결과 해외 액셀러레이터의 사업 방법 및 노하우가 국내로 빠르게 유입될 수 있었다. 이러한 과정을 거치면서 나는 '인바운드'라는 콘셉트를 갖게 되었다. 해외로 나가는 것보다 국내로 들여오게끔 하는 것이 더 효과적인 전략이 될 수 있음을 깨달은 것이다.

인바운드는 여러 가지 면에서 효과적이다. 인재들이 유입되면 혁신역량이 증대되어 경쟁력이 강화된다. 외국 기업들을 유치하면 한국인 직원을 채용하게 되고 사업이 잘 되면 국가에 세금도 납부한다. 투자 유치를 하게 되면 자본이 풍부해질뿐만 아니라 생산기술과 경영기술을 포함한 무형의 자산까지 이전받을 수 있다. 사안에 따라 해외로 나가는 아웃바운드형 전략과 우리나라로 끌어들이는 인바운드 전략 중 어느 것이 더 효과적인지 살펴보아야 한다.

아웃바운드와 인바운드 효과 비교

구분	아웃바운드	인바운드
투자	국내 투자 감소	국내 투자 증가
기업	국내 일자리 감소 국내 법인세 감소	국내 일자리 창출 국내 법인세 증가
인재	두뇌 유출 증가 혁신 역량 감소	두뇌 유입 증가 혁신 역량 증대

여러 사람들과 이야기를 나누다 보면 중심 국가로 성장하는 것에 대해 대부분

그 필요성을 공감한다. 그럼에도 불구하고 과연 내수 시장이 작은 우리나라가 중심 국가가 될 수 있겠느냐는 회의적인 질문을 하는 경우가 많다. 난 그러한 질문에 싱가포르와 두바이를 예로 들어 답을 한다. 우리 내수 시장보다 수십 분의 일에 불과한 작은 나라들도 해낸 일이다. 우리가 못할 이유가 없다.

우리나라의 국민총생산과 무역 규모는 세계 11~12위권이다. 과거와 달리 우리나라는 더 이상 변방의 작은 나라가 아니라 세계 경제를 이끄는 중요한 역할자가 될 수 있다는 것을 의미한다. 그렇기 때문에 기존의 수출 의존형 성장 방식을 탈피하여 경제 규모에 걸맞게 산업과 기술의 중심 국가로 성장하기 위한 새로운 전략을 추진해야 한다. 중요한 것은 내수 시장의 크기가 아니라 세계를 끌어당길 수 있는 힘에 있다. 중심 국가가 되는 것은 충분히 가능한 일이고 국가의 미래를 위해서 해야만 하는 일이다. 세계 속의 한국이 되기 위해서는 한국 속에 세계를 품어야 한다.

수도거성

수도거성(水到渠成)이란 한자 숙어가 있다. 물이 흐르면 자연히 도랑이 된다는 뜻으로 때가 오면 일이 자연히 이루어지거나 학문을 열심히 닦아 조예가 깊어지면 명성이 저절로 난다는 뜻이다. 외국의 고객이 찾아올 수 있는 물길을 먼저 만들어 준다면 대한민국을 향한 세계인들의 인바운드의 흐름은 자연히 생기게 된다.

아웃바운드형 수출은 제조업 시대의 수출 방식이다. 디지털 경제 시대에는 이러한 방식으로는 수출을 할 수 없다. 그런데도 우리는 아직도 디지털 제품을 일반 제조품을 팔던 방식과 동일한 방법으로 수출하려고 한다. 자연히 성과를 내기가 쉽지 않다. 디지털화된 제품을 팔기 위해서는 고객이 그 우수성을 직접 경험해 볼 수 있도록 하는 것이 효과적이다. 시스템 전체를 해외로 가지고 나갈 수 없기 때문에 고객을 국내로 유치하여 시스템 전체를 체험할 수 있도록 하는 것이 필요하다.

보부상처럼 해외 시장을 일일이 돌아다니며 물건을 팔기보다, 전 세계의 고객을 끌어들일 수 있는 장터를 만드는 게 더 효과적이다. 이렇게 하는 나라가 독일이다. 그래서 독일을 메세의 나라라고 한다.

  박람회를 뜻하는 독일어 메세(messe)는 라틴어 미사(missa)에서 기원한다. 메세는 주일마다 미사를 마치고 교회 앞마당에서 필요한 것을 서로 교환하거나 사고팔던 장을 열었다는 것에서 유래한다. 독일을 메세의 나라라고 하는 이유는 독일 경제에서 전시 산업의 역할이 그만큼 크기 때문이다. 그래서 "독일은 박람회를 키웠고, 박람회는 독일을 키웠다"는 말이 있을 정도다. 전시산업 세계 1위인 독일에서 2017년 한 해 동안 총 311개의 박람회가 개최되었다. 거의 하루에 한 개 꼴로 개최되고 있는 셈이다. 참가 기업 수가 23만 개, 참관객은 1,560만 명에 달한다. 참가 기업 중 61%는 해외 기업으로 외국에서 온 기업들이 박람회장을 채운다.

  유명 박람회는 해당 산업의 세계 시장에서 절대적인 영향력을 행사한다. 독일 기업들은 세계 도처에서 찾아온 구매자들을 만나 수출 상담을 할 수 있으니 굳이 구매자들을 찾아 일일이 해외를 돌아다니며 시간과 돈, 에너지를 낭비할 필요가 없다. 뿐만 아니라 참가 기업, 참관객이 박람회 기간 동안 먹고, 자고, 즐기기까지 하니, 호텔·요식·문화·관광 등 지역 산업도 덩달아 호황을 맞는다. 그래서 인기 있는 박람회가 개최되는 기간에는 그 지역의 일손이 모자랄 정도가 된다. 독일에선 박람회가 박람회 그 이상인 꿩 먹고 알 먹는 산업이다.

독일 전시 산업의 효과(2014~2017)

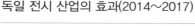
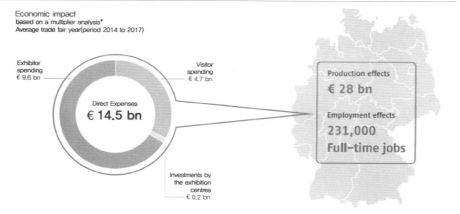

* 자료: IFO Institut, AUMA(2018)

• **독일 경제 기여액: 280억 유로**(한화: 36조 4,000억 원)

• 일자리 창출: 23만 1,000개

　독일 정부는 자국의 지리적 이점을 활용할 수 있는 박람회의 중요성을 일찍이 통찰하고 국가적 역량을 집중하였다. 독일 기업인들에게 가장 효과적인 마케팅 수단이 무엇이냐고 질문하면 단연 전시회라고 답한다. 실제로 독일 기업들이 수출의 80% 이상을 전시회를 통해 달성한다고 하니 전시회가 갖는 위력이 얼마나 큰지 놀라울 정도다. 해외로 나가야 수출을 할 수 있다고 생각하는 우리는 고정관념을 버려야 한다.

　해외 바이어를 찾아갈 것인가? 아니면 그들을 불러올 것인가? 찾아가서 고객을 만나는 일은 어렵고, 시간도 오래 걸리고, 비용도 많이 소비된다. 반면 고객이 알아서 찾아오게끔 하는 방식은 쉽고, 시간을 많이 쓰지 않아도 되고, 비용도 적게 든다. 우리도 꿩 먹고 알 먹는 독일의 수출 방식을 배워야 한다.

양국간 수출 방식 비교

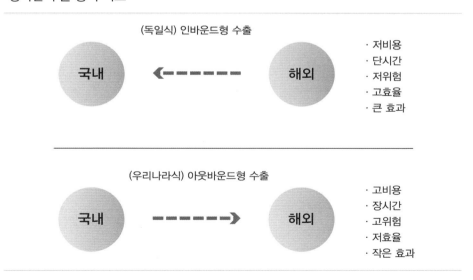

▶ **독일이 내세우는 '독일 박람회의 7가지 성공 요인'**

　① (유럽의 중심) 훌륭한 지리 조건, 미국·아시아 경제 중심지로부터 우수한

접근성

② (국제성) 참가 업체 60%가 외국 기업, 방문 업체 $\frac{1}{4}$이 외국 기업, 방문객 $\frac{1}{3}$
이 외국 고객

③ (산업현황 축소판) 박람회는 시장경제의 한 부분. 주최 측, 참가업체, 방문객
은 시장의 현재 모습을 반영

④ (전문성) 박람회 개최자들이 국제적 경험이 풍부한 전문 인력으로 구성

⑤ (서비스 기준) 부스 설치, 인력 지원, 여행·호텔 예약, 대외 홍보, 마케팅 프
로모션 제공

⑥ (탁월한 투자가치) 합리적인 비용으로 잠재고객과 만날 수 있는 기회 제공

⑦ (최고의 인프라) 건축학적, 물류적, 기술적 측면에서 참가 업체·방문객의 기
대 충족

▶ 독일 박람회 홍보책자(한국어판)
* 자료: 한독상공회의소

독일식 수출이 가능했던 이유는 메세라는 마켓 플레이스를 육성했기 때문이다. 박람회를 통해 내수를 일으키고 동시에 수출까지 챙기는 일거양득의 현명한 정책이다. 매년 미국에서 열리는 세계 최대 IT전시회인 CES, 스페인에서 열리는 세계 최대의 모바일 전시회인 MWC, 핀란드의 세계 최대의 스타트업 축제인 슬러쉬 등이 유발하는 경제적 가치는 수천 억에서 수조 원에 이른다.

우리도 마켓 플레이스를 가져야 하는 이유다. 국내용 장터가 아닌 세계에서 인정받을 수 있는 장터를 만들어야 한다. 국산 제품뿐만 아니라 세계 각국에서 만들어진 상품을 국내로 유입시키고 이렇게 유입된 제품, 서비스를 전시하

고 판매하는 플랫폼을 운영하는 형태로 수출의 패러다임을 전환하는 것이 필요하다. 이제는 고객 스스로가 찾아오는 마켓 플레이스를 보유한 시장의 주도자로 변모해야 한다.

그간 정부는 우리나라에 국제적 행사, 박람회를 유치하기 위한 노력을 하여 왔다. 하지만 크게 부각된 성과는 그리 없는 듯하다. 그 이유를 몇 가지로 정리해 보면 다음과 같다. 첫째, 대부분 행사에 글로벌 시각이 부족하다. 우리 시각에서 기획하다 보니 세계인의 이목을 집중시키지 못한다. 준비 단계에서부터 세계인의 취향을 사로잡을 수 있도록 문화적 요소가 반영되어야 한다. 그러기 위해서는 다양성이 확보되어야 한다. 두바이처럼 글로벌 싱크 탱크를 활용하고 글로벌 감각을 입히면 세계인의 취향을 저격하는 박람회들을 많이 만들 수 있다.

둘째, 우리만이 가지고 있는 특성을 살려야 한다. 대한민국만이 가지고 있는 것을 차별화하여 세계인의 관심을 사로잡아야 한다. K-POP, 드라마, 관광, 패션, 전통 음식 등 문화적 요소와 결합하는 것도 방법이다. 우리에게 잠재된 우리만의 것을 찾으면 된다.

셋째, 행사가 작더라도 외국 업체, 외국인의 참여율을 놓쳐서는 안 된다. 글로벌 마인드 셋으로 시작한 사업은 작게 시작하더라도 크게 될 수 있다. 글로벌 관점이 없으면 크게 시작해도 작게 될 수밖에 없다. 친절하고 신속 정확한 문화를 가지고 있는 우리는 이 분야에 천부적인 재능과 DNA를 가지고 있다. 국적과 인종에 관계없이 글로벌 마인드를 보유한 글로벌 인재를 활용한다면 우리의 잠재력이 빛을 발할 것이다.

세계 최대의 마켓 플레이스 CES

- (개요) 미국 소비자 가전협회가 라스베가스에서 매년 개최하는 세계 최대 IT · 가전 전시회
- (규모) 세계 150여 개국에서 4,500개 기업, 1,100명의 연사, 20만 명의 관람객 참가
- (특징) 글로벌 혁신 기업의 제품들이 한자리에 모여 전시됨으로써, 신기술 트렌드를 파악하고, 행사를 통해 구매자와 판매자 간 대규모의 계약이 성사
- (효과) 호텔, 숙박, 관광 산업분야에서 1조 원이 넘는 경제적 효과 창출

기업 유치가 일자리를 만든다

싱가포르는 150여 개가 넘는 글로벌 기업의 아시아 본사를 유치하였다. 이스라엘에는 270개가 넘는 글로벌 기업의 R&D 센터가 있다. 중국의 청두도 'Can do! Chengdu!'란 캐치 프레이즈를 내걸고 글로벌 기업을 유치하기 위해 노력하고 있다.

► 중국 청두시의 외국 기업 유치 캐치 프레이즈, '캔두 청두'

청두시의 전략을 무섭게 생각해야 하는 이유는 이것이 비단 청두라는 도시 하나만의 전략이 아니라 13억 5,000만이라는 엄청난 인구를 보유하고 있는 중국 전체의 전략이기 때문이다. 중국에 둥지를 튼 외국 기업들이 일자리를 만들고, 기술혁신을 주도하고, 새로운 부가가치를 만들어 낸다. 그뿐 아니라 이들은 재료 및 부품소재부터 완성품에 이르기까지 전후방 산업과 연계함으로써 산업 밸류체인의 동반성장을 견인하고 있다.

반면 우리나라는 이런 나라들에 비해 외국 기업 유치에 소극적이다. 소극적이다 못해 배타적이기까지 하다. 경쟁국 대비 글로벌 기업 유치를 위한 노력의 부족, 외국 기업에 대한 배타적인 정서는 국가 경쟁력을 약화하고 우리의 미래를 어둡게 한다. 국수적 관점을 버리고 지금부터라도 글로벌 기업을 유치하는 데 더 많은 관심을 기울이고 더 많은 정책적 수단을 개발해야 한다. 외국 기업들이 우리나라에 들어와서 성공하면 할수록 더 많은 일자리 창출, 더 많은 세수 확보, 더 큰 경제 성장이 가능하기 때문이다.

돈이 들어와야 경제가 산다

우리나라 투자수지는 2017년에 23조 원 적자를 기록하였다. 과거 정부는 자원 외교 명목으로 막대한 투자자금을 해외로 유출하였고 민간 기업들도 중국, 베트 남 등지로 싼 인건비를 찾아 해외 투자처를 늘리고 있다. 기업들의 해외 직접투자 증가는 원가 절감 및 해외 시장 개척을 추구한다는 점에서 기업에겐 합리적 선택 이 될 수 있겠으나 국가적 차원에서 보면 긍정적으로만 볼 수는 없다.

우리나라는 2013년 이후 최근 6년간 총 965억 달러, 연평균 161억 달러에 달 하는 투자 적자를 기록하였다. 국내 자본이 해외로 유출되면 국내투자 감소, 설비 투자 축소, 가계소득 감소, 민간소비 저하, 기업실적 감소, 고용창출 감소 등의 부 정적 연쇄반응을 초래한다.

우리나라의 해외 직접투자 현황 (단위: 억 달러)

구분	2013	2014	2015	2016	2017	2018	합계
외국인 직접투자 (유입액)	145	190	209	213	229	269	1,255
해외 직접투자 (유출액)	308	285	303	391	437	498	2,222
투자수지	△162	△95	△94	△178	△208	△229	△966

* 자료: 한국수출입은행, 통계청 재가공(투자 기준)

외국인 직접투자(FDI)와 거주자 해외직접투자(ODI) 추이

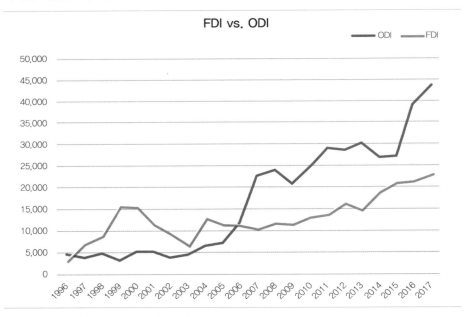

* 자료: 수출입은행 해외직접투자 통계연보 재가공

투자적자 현상이 과거부터 존재했던 것은 아니다. 위 표에 나타난 것처럼 2006
년까지는 투자수지가 흑자였다. 하지만 2006년을 기점으로 해외투자가 급증하면
서 투자 부문의 적자가 지속되었다.

지난 2018년 10월 국내 일간지에 '최단기간 외국인 투자유치 200억 달러'라는
기사가 실렸다. 당해연도 외국인 투자유치 목표를 조기 달성했다는 좋은 뉴스였
다. 하지만 이 기사는 투자수지 현황을 균형감 있게 다루지 못했다. 국외로 빠져
나간 해외직접투자 규모에 대해서는 전혀 언급이 없었기 때문이다. 2018년 해외
로 빠져나간 투자 규모는 498억 달러로 당해에만 229억 달러의 투자 적자를 기록
하였다.

자본이 외국으로 빠져나간다는 것은 그만큼 국내 투자금의 감소를 의미하여
내국인 고용창출 능력이 감소하게 되고 장기적으로는 성장 정체라는 부정적 효과
를 가져온다. 한국경제연구원이 2018년에 발표한 '직접투자의 고용 순유출 규모
분석'에 따르면 2001년부터 2017년까지 지난 17년간 우리나라의 직접투자 순유

출로 인한 직간접 일자리 손실이 연간 12만 5,000명에 달하는 것으로 조사되었다. 해당 연구는 직접투자 순유출을 줄이기 위한 방안으로 최저임금인상, 근로시간단축 등 직접투자 순유입을 저해하는 규제 개혁을 제시하였다.

우리나라는 GDP 대비 외국인 투자 비율이 선진국들에 비해 매우 저조하다. 2016년 기준 GDP에서 외국인 투자가 차지하는 비율이 네덜란드는 107.1%, 영국 55.7%, 호주 44.2%, 미국 35.2%, 독일 22.7%인 것에 반해 우리나라는 12.4%에 불과하여 향후 국내 투자 및 고용 상황 개선을 위해서는 외국인 투자 여건을 정비하지 않으면 안 된다.

GDP 대비 외국인 투자 비율

구분	네덜란드	영국	호주	미국	독일	한국
비율(%)	107.1	55.7	44.2	35.2	22.7	12.4

* 자료: e-나라지표 등(2016)

외국인 직접투자 비율이란?
- (정의) 외국 기업이 한국 기업과 경영관계를 지속할 목적으로 투자한 금액을 GDP로 나눈 것
- (의의) 외국 기업의 한국에 대한 투자는 해외에서 한국 시장의 경제성을 어떻게 평가하고 있는지를 가늠할 수 있으며 기술이전, 고용창출, 생산성 증가 등 한국 경제성장에 긍정적 영향을 미침

* 자료: e-나라지표

싱가포르와 두바이가 외국 자본을 유치하여 자국의 경제와 산업을 발전시킨 것을 상기해 볼 때 우리나라도 경제 성장의 새로운 모멘텀을 찾기 위해서는 이들 나라처럼 외국 자본을 적극 활용하는 전략이 필요하다. 두바이 지도자 셰이크 모하메드가 그랬듯이 외국 투자자들이 한국으로 몰려들게 하는 환경을 조성해야 한다. '외국 자본이 안 오고 못 배기게' 대한민국을 바꾸어야 한다. 투자에 있어 '코리아 엑소더스'가 계속된다면 우리 경제의 앞날도 그만큼 더 어두워질 것이기 때문이다.

투자금이 들어오는 싱가포르

Stock of Foreign Direct Investment in Singapore   Stock of Singapore's Direct Investment Abroad

	2016	783,517
1,359,477	2016	
1,267,105	2015	718,490
702,565	2011	449,045

Million Dallars   0   0   Million Dallars

* 자료: Singapore in Figures 2018(싱가포르 통계청)

극복해야 할 투자 적자

• 한국, GDP는 많은데 외국인 투자(FDI)는 쥐꼬리(중앙일보, 2017.10.15.)
   – 한국은 국민총생산(GDP) 규모에 비해 외국인 직접 투자(FDI)를 유치하지 못한
     다. 투자 촉진을 위해 기업 활동에 유리한 환경을 조성해야
• 최근 10년 해외로 간 투자금, 들어온 것보다 3배 많아(조선비즈, 2018.4.5.)
   – 80년대와 90년대는 해외로 나간 금액보다 들어오는 금액이 많았으나 2000년대
     들어 역전되기 시작

공동 연구가 기술 격차를 줄인다

우리나라 총 연구개발비는 2016년 794억 달러로 규모면에서 세계 5위, GDP
대비 R&D 비중 면에서는 4.24%로 세계 2위이다(과학기술정보통신부, 2017). 다른
나라에 비해 R&D에 더 많은 투자를 하고 있어, 기술 강국을 지향한다는 면에서는
긍정적으로 평가할 수 있으나, 이 두 가지 지표는 모두 투입지표라는 것을 상기해
볼 때 마냥 자랑만 할 수 있는 것은 아니다. 아쉽게도 성과 측면에서는 여러 문제
점을 내포하고 있다. R&D에 대한 투자를 꾸준히 증가시키고 있음에도 불구하고 기
술 경쟁력은 점차 하락하고 있다. 엄청난 R&D 투자에도 불구하고 혁신 역량은 제
자리이고, 기술 개발은 성공했으나 상용화까지 이어지지 못한다. 'Korea R&D 패

러독스'란 표현이 왜 생기고 있는지 짚어 봐야 한다. 양적 투자가 질적 성과 창출로 이어지지 못하는 단절 현상의 원인을 제대로 파악하고 이를 개선하기 위한 대책 마련이 절실하다.

- GDP 대비 R&D 투자율: (2006년) 2.83% → (2016년) 4.24%, 세계 2위
- IMD 기술 경쟁력 순위: (2006년) 6위 → (2017년) 17위

우리나라는 다른 나라에 비해 해외 연구기관과 협업 비중이 매우 낮다. KDI 조사에 의하면 이스라엘은 총 연구개발비의 49%를 해외와 협업하고 있으며, 영국 18.9%, 프랑스 8%, 독일 5%, 미국이 4.5%인 반면 우리나라는 단지 0.7% 수준에 불과하다. 글로벌 기술 트렌드와 동떨어진 나 홀로 연구를 하고 있는 셈이다.

이스라엘은 구글을 비롯하여 MS, 인텔, 퀄컴, 삼성전자, LG전자 등 글로벌 기업의 R&D 센터를 유치하고 이들과의 공동 연구를 통해 기술을 개발하고 있다. 이스라엘 기술이 세계적으로 인정받을 수 있는 이유다. 이들 R&D 센터가 5만 명이 넘는 인력을 고용하여 일자리 창출 효과도 얻는다. 이스라엘 정부는 외국 기업이 자국 인력을 고용할 경우 임금 보조, 세제 혜택 부여, 개발된 기술·서비스 우선 구매 등 글로벌 R&D 센터 유치 인센티브 제도를 만들어 2011년부터 시행하고 있다. 매우 현명한 선택이다.

규모면에서 우리나라가 이스라엘 R&D 지출 규모인 135억 달러의 5배 이상을 쓰고 있지만 글로벌 협업 수준이 비교할 수 없을 정도로 낮다 보니 글로벌 시장에서 이스라엘 기술만큼 대접받지 못하는 것이 현실이다. 영국도 자국 내 기업들이 다른 나라의 기업들에 비해 글로벌 연계가 많다는 것을 강점으로 내세우며 해외 기업들을 유치하기 위해 노력하고 있다.

갈라파고스식 연구로는 글로벌 시장에서 경쟁력이 뒤떨어질 수밖에 없다. 선진국과의 기술 격차가 벌어지고 있고 중국의 기술마저 우리를 추월하고 있는데 우리끼리 만든 기술로 이들을 이겨 보겠다고 하는 것은 논리와 이치상 모두 맞지 않는다.

우리 힘으로 해보겠다는 독자 기술 개발 방식을 개선하지 않는 한, 아무리 많

은 R&D 자금을 쏟아부어도 기술 경쟁에서 살아남기가 쉽지 않다. 글로벌 가치사슬과의 연계를 위해서라도 오픈 이노베이션을 확대하고 글로벌 R&D 기관, 해외 기업과의 공동 연구가 활성화되어야 한다.

　자체 기술 확보에 장시간이 소요되고 자체 기술을 개발한다 하더라도 때를 놓치면 세계 시장에서 성공하기 어렵다. 그렇기 때문에 선진 기술과 협업하는 전략이 필요하다. CDMA 성공 사례처럼 뛰어난 원천기술과 조기 협업하고 응용 · 상용화에 뛰어난 우리의 강점을 활용하는 전략적 협업이 가치를 발할 수 있다.

다국적 R&D가 필요하다
- 기업 R&D 국경 사라져... 초국적 기업 등장(매일경제, 2018.8.14.)
  - 초국적 기업 확산 시대를 맞아 국가들 간 새로운 기업 유치 경쟁이 치열
  - 싱가포르가 글로벌 제약사들의 연구소를 많이 유치하고 있다는 점을 주목해야

한국이 주인이 되는 디지털 시대가 온다

빨리빨리 DNA와 디지털 대평원

역사상 최강의 정복자 칭기즈칸이 세계를 점령할 수 있었던 가장 큰 성공 요인은 '속도'였다. 몽골군은 가공할 만한 속도로 진군하여 그야말로 파죽지세로 이민족을 점령해 갔다. 하루에 200km를 이동할 때도 있었다니 그 당시에는 상상할 수 없을 정도의 놀라운 병력 이동 능력이다. 칭기즈칸은 스피드 확보를 위해 육포를 식량으로 사용하였다. 전투병이 아무리 빨라도 식량을 이송하는 보급부대와 함께 이동을 하면 이동 속도가 떨어질 수밖에 없다. 보급부대 이동에 따른 속도 저하를 극복하기 위해 칭기즈칸은 모든 전투병들이 육포를 빻아 말린 가루를 각자의 말안장에 걸고 다니도록 함으로써 보급부대를 필요치 않게 만들었다.

당시에는 적군이 침략하고 있다는 전령의 소식을 접하고 난 후 보통 며칠 후에나 적군이 도착하곤 했었지만 몽골군은 전령이 소식을 전하는 시점과 동시에 들이닥침으로써 상대방에게 대항할 수 있는 시간을 주지 않았다. 미처 싸울 준비가 되어 있지 못한 나라들은 칭기즈칸의 빠른 군대 앞에서 그야말로 추풍낙엽의 신세가 되었다.

디지털 시대에도 속도가 생명이다. 기술은 하루가 다르게 발전하며 아날로그 시대에서는 상상할 수 없었던 변화들을 순식간에 만들어 내고 있다. 속도가 세계를 지배하는 시대가 다시 온 것이다. 우리민족이 가지고 있는 '빨리빨리' 문화는 이러한 디지털 시대에 부합하는 DNA다. 빠른 것을 좋아하고 빠른 것을 추구하는 우리나라는 하루가 다르게 변화하는 디지털 대평원을 차지할 수 있는 강력한 무기를 가지고 있다.

우리나라처럼 짧은 기간에 경제발전을 이룩한 나라가 없으며, 우리나라처럼 빨리 IMF를 극복한 나라도 없다. 우리나라처럼 빠른 IT 인프라를 가진 나라가 없으며, 우리나라처럼 빠르게 변화를 수용할 수 있는 나라도 없다. 스피드가 생명인 디지털 시대는 우리에겐 기회다. 새로운 것을 받아들이고 새로운 것을 만드는 능력이 탁월하기에 디지털 대평원은 우리의 역량을 펼칠 수 있는 미래의 신대륙이다.

코리아니티

코리아니티(Coreanity)는 다수의 한국인이 공유한 문화적 동질성과 대다수 한국인의 생활 속에서 작동하는 일상적 취향이라는 의미로 '코리아니티 경영'의 저자 구본형 작가가 고안한 단어다. 그가 코리아니티에 관심을 기울인 이유는 다른 나라가 갖지 못한 우리만의 경쟁력을 비즈니스로 전환하여 저성장을 뛰어넘고 글로벌 리더로 도약하기 위함이었다. 아주 오래전에 읽은 책이지만 그가 말한 코리아니티를 지금도 기억하고 있는 것은 그만큼 그의 메시지가 주는 의미가 강렬했기 때문이다.

우리가 가진 문화적 특성을 비하하는 말들이 있다. 특히 일본과 비교하여 일본이 낫고 우리가 못하다는 식의 이야기가 있다. 대를 이어 가업을 이어받는 일본의 장인정신을 칭송하는 것이 대표적인 예이다. 일본은 장인정신이 뛰어난데 우리는 장인정신이 부족하다는 것이다. 그러나 나는 이를 다른 시각에서 해석해 보고자 한다. 일본인이 가업을 이어받는 이유는 그들이 장인정신을 갖고 있기 때문이 아니라 새로운 사업을 시도하는 것을 두려워하기 때문이다. 선대를 통해 비즈니스가 검증된 사업을 하면 위험이 작지만 다른 일을 하면 그만큼 실패의 위험이 크기 때문에 무서워서 가업을 이어 받는 것이다. 변화를 두려워하고 실패를 용인하지 않는 그들의 문화적 배경을 이해하지 못하면 그것을 장인정신이라는 일면만으로 칭송하게 된다.

우리나라는 일본과 다르다. '할 일이 없어 가업을 이어받느냐'는 말이 있을 정도로 우리는 변화와 도전에 적극적이다. 일본인에 비하면 무서움을 모르는 대단한 민족이다. 나는 오랫동안 국내 기업의 해외 진출을 지원하는 일을 해왔다. 그 과정에서 느낀 것은 우리 기업들이 일본 기업에 비해 해외 진출에 적극적이라는 것이다. 물론 일본은 우리와 달리 큰 내수 시장을 갖고 있기 때문에 해외로 진출할 필요가 우리보다 작다. 그러나 그것만이 이유의 전부는 아니다. 나는 그들과 만나 비즈니스를 하면서 그들이 실패를 두려워하기 때문에 해외로 진출하는 것에 소극적이라는 것을 깨닫게 되었다. 일본 유수의 정보통신 서비스 기업 중 하나가 내게 제안을 해온 적이 있다. 일본 역시 내수 시장의 한계가 있어 해외 진출을 시도해 보려 하는데 일본에는 그런 경험을 가진 기업들이 많지 않다 보니 해외 진출에 경험이 많은 한국 기업과 파트너십을 맺고 싶다는 것이었다. 파트너 기업을 찾아 한국까지 찾아온 이유가 그것이었다.

　빠르게 변화하고 역동적인 디지털 시대에는 도전적인 우리가 보수적인 일본보다 더 강한 경쟁력을 가지고 있다. 아날로그 시대에는 일본이 우리를 앞섰지만 디지털 시대에는 지금까지와는 다른 양상이 펼쳐질 것이다. 빨리빨리, 변화, 역동성을 내포하는 코리아니티를 제대로 이해하고 충분히 활용해야 한다.

인터넷 시간과 사법 시간의 충돌

　엘빈 토플러는 그의 저서 『부의 미래』에서 변화의 속도를 언급하며, 시간을 어떻게 잘 다루는지가 국가의 운명을 결정한다고 했다. 토플러는 이 책에서 주요 기관들의 변화의 속도를 자동차에 비유하였다. 시속 100마일은 가장 빠르게 변화하는 기업에 해당하며 기업들이 사회의 변혁을 주도한다고 하였다. 시속 25마일은 정부와 규제 기관으로서 그들은 천천히 변화할 뿐 아니라 브레이크를 걸어 기업의 속도를 떨어뜨린다고 기술하였다. 시속 1마일은 느림보 중에서도 가장 느리게 변하는 '법'의 속도로 기업의 변화 속도에 가장 큰 걸림돌로 묘사하였다.

　이러한 변화의 속도 차이로 인해 '인터넷 시간과 사법 시간의 격돌'이 발생한다. 빠르게 변하는 기술을 법이 따라잡지 못함으로써 서로 충돌하는 현상이 일어나는 것이다. 변화의 속도는 빨라지고 제품의 수명주기는 짧아진다. 인공지능은 더욱 똑똑해지고 로봇은 우리 생활 속으로 성큼성큼 다가온다. 이에 따라 기존의

법 테두리 안에서 판단할 수 없는 새로운 이슈들이 끊임없이 제기된다.

생각해 봐야 할 것은 기술의 속도가 국가마다 다르고 법의 속도 또한 국가마다 다르다는 것이다. 같은 기술이라 해도 어느 나라에서 만들어졌느냐에 따라 비즈니스로 이어지기도 하고 꽃을 피우지 못한 채 소멸되기도 한다. 변화의 속도가 승패를 결정짓는 시대이기에 법의 속도가 중요한 이슈가 된다. 기업과 기술의 생존은 법의 변화 속도에 달려 있다.

어떤 나라는 포지티브 규제를 하고 어떤 나라는 네거티브 규제를 한다. 예를 들면 우리나라는 유턴 표지가 있는 곳에서만 유턴을 할 수 있고 표지가 없는 곳에서 유턴을 하면 불법이다. 하지만 미국은 유턴 금지 표지판이 있지 않는 한 어디서 유턴을 해도 상관이 없다. 즉 하지 말라고 못 박아 놓지 않은 이상 무엇을 해도 법에 저촉이 되지 않는다. 이것이 포지티브 규제와 네거티브 규제의 차이다.

우리나라와 미국의 규제 방식 비교

〈우리나라〉
유턴 표지판이 있는 곳에서만 유턴 가능
다른 곳에서는 유턴 불가

〈미국〉
유턴 금지 표지판이 있는 곳에서만 유턴 금지
다른 곳에서는 유턴 가능

우리나라는 거의 모든 제도가 포지티브 방식이다. 즉 허용된다고 명시되지 않는 이상 나머지는 허용되지 않는다. 자갈밭에서는 농사가 제대로 되지 않는다. 농부들이 씨를 뿌리고 농작물을 가꾸려 해도 논밭에 자갈이 많아서는 수확이 변변치 못하게 된다. 신산업 분야에 있어서 규제는 논밭에 깔린 자갈과 같다. 자갈을

걷어 내야 농사가 잘된다.

성벽을 높이 쌓고 해자를 깊이 팔수록 세상으로 나가는 길이 좁아진다. 금융 규제가 핀테크 산업 성장을 제한하고, 원격 진료 불허가 미래 의료산업의 성장을 억제한다. 택시업계를 보호하기 위해 우버 서비스를 제한하니 공유경제 산업성장이 지체되고, ICO 규제는 블록체인 산업의 성장을 가로막는다. 네이버, 카카오가 서울 대신 도쿄에서 핀테크, 블록체인에 대규모 투자를 하는 이유는 규제 공화국이라 불릴 만큼 곳곳에 빼곡한 규제 때문이다. 새롭게 열리는 디지털의 대평원을 달려야 할 때, 성벽부터 먼저 쌓아 스스로를 가두는 우를 범해서는 안 된다. 하루가 다르게 발전하는 디지털 경제 시대에 어떤 법·시스템이 우리에게 더 큰 이익을 가져다 줄 것인지 현명한 선택을 해야 한다. 이러한 측면에서 최근 시행되기 시작한 '규제 샌드 박스' 제도는 바람직한 정책이다. 향후 보다 적극적으로 확대 시행될 필요가 있다.

실리콘밸리 변화의 속도

두 개의 바퀴가 있다. 하나는 크고 빠르게 돌아가지만 다른 하나는 작고 천천히 돌아간다. 실리콘밸리의 변화의 속도와 우리나라의 변화의 속도를 표현하는

그림이다. 실리콘밸리는 기업, 인재, 자본이 풍부하고 변화의 속도도 빠르다. 반면 우리나라는 이 모두가 부족한데 변화의 속도조차 느리다. 살아남기 위해서는 변화의 속도를 따라잡아야 하는데 현재의 인재, 기업, 기술로 실리콘밸리를 따라잡는 것은 불가능에 가깝다. 그래서 필요한 것이 속도를 맞추기 위한 체인이다. 체인은 사람, 기업 간의 네트워크를 뜻하고 기술의 협업을 뜻하기도 한다. 서로가 연결되어야 그들과 변화의 속도를 맞출 수 있다. 이것을 잘하는 나라가 이스라엘이다. 글로벌 기업들의 R&D 센터를 유치하여 기술 수준과 개발 트렌드를 글로벌하게 동기화한다. 기술의 격차를 줄이기 위해서는 글로벌 공동연구가 필요하다. 실리콘밸리와 변화의 속도를 같이하기 위해서는 글로벌 네트워킹과 상호협력이 지금보다 훨씬 더 강화되어야 한다.

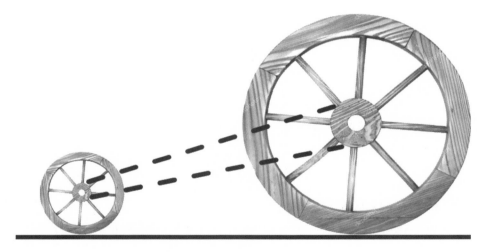

성공 신화는 이미 있었다

우리나라 정보통신 역사에서 CDMA는 대표적인 성공 신화다. 1996년 우리나라는 세계 최초로 CDMA 기술을 상용화하는 데 성공하였다. CDMA 기술의 상용화는 이동통신 분야에서 불모지에 가까웠던 우리나라를 일약 정보통신 강국으로 우뚝 설 수 있게 만든 중요한 이정표가 되었다. 단기간에 이동통신 기술력을 확보하게 되었을 뿐만 아니라 국내 정보통신 산업을 획기적으로 발전시켰다. CDMA

기술개발은 약 125조 원이라는 천문학적인 국민경제 파급효과를 창출한 것으로 평가받고 있다.

　　당초 CDMA의 원천기술은 미국 기업인 퀄컴이 가지고 있었다. 퀄컴은 1985년에 7명의 엔지니어가 설립한 작은 회사였는데 한국전자통신연구원과 연구협약을 체결한 1990년 당시만 해도 겨우 설립 5년차의 지금으로 치면 신생 스타트업에 지나지 않았다. 우리나라는 시장에서의 성공 가능성이 불투명했던 퀄컴의 CDMA 기술을 선택하여 약 5년간의 공동연구를 통해 1996년 세계 최초로 상용화함으로써 일약 이동통신 강국으로 부상할 수 있었다.

　　원천기술을 보유한 퀄컴과 한국전자통신연구원, 한국이동통신(현 SK텔레콤), 삼성전자 등 국내 사업자들과의 상용화를 위한 협업이 성공하여 세계 이동통신 역사에 기록될 만한 엄청난 사건을 만들어 낼 수 있었다. 필자는 CDMA의 핵심 성공 요인은 국내에 부재했던 기술을 해외 원천기술 보유업체와 '전략적으로 제휴'한 것에 있다고 생각한다. CDMA 성공 요인에 관한 여러 편의 논문을 읽어 보았지만 원천기술을 가진 퀄컴과의 전략적 제휴가 핵심 성공 요인이었다고 분석한 논문은 많지 않았다. 원천기술을 보유하고 있지 못해 지금도 매년 막대한 돈을 퀄컴에게 로열티를 주고 있는 현실이 우리의 자존심을 상하게 하기에 이 부분을 강조하지 않았을 수도 있다. 그러다 보니 CDMA의 중요한 성공 요인을 소홀하게 다루는 결과를 초래하게 되었다.

　　우리는 언론 등을 통해 "원천기술을 확보해야 한다"는 말을 자주 듣는다. 물론 맞는 말이다. 그러나 미국, 일본, 중국과 기술 격차가 좁혀지지 않고 갈수록 커가는 현실을 생각하면 우리 힘으로 제반 원천기술을 개발해야 한다는 것은 전략적이지도 효과적이지도 않다. 확보하고 있지 못하면 활용하면 된다. 원천기술이 없으면 원천기술을 보유한 외국 기업을 찾아 협업하는 것이 현명한 해법이다. CDMA 성공 사례가 그것을 증명한다.

　　1996년 이후 지금까지 20년 이상이 지났음에도 아직까지 제2의 CDMA 성공 신화를 못 만들어 낸 있는 이유는 무엇일까? 제2의 CDMA 성공 신화를 만드는 가장 빠른 길은 '될 성 싶은 핵심 원천기술을 가진 해외 기업과 협업하여 우리가 그것을 세계 최초로 상용화'하는 것이다. 우리가 가진 가장 큰 경쟁력이고 또한 가장 잘 할 수 있는 분야다.

CDMA 성과

- (경제) 1996년~2001년간, 누적생산액 42조 원(내수 28조 3,000억 원, 수출 110억 달러, 국민경제 파급효과 125조 원, 142만 명 고용유발 효과, IMF 경제위기 탈출에 기여
- (시장) CDMA 종주국으로 세계 이동통신 시장 석권, CDMA 부품·장비 세계 수출 확대, 1996년~2001년간 국내 이동통신 시장 연평균 37.2% 고성장

* 자료: 한국전자통신연구원(2002)

국내 CDMA 산업 구조(2000년)

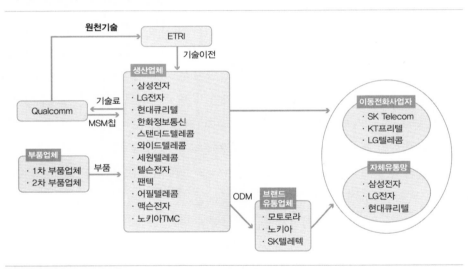

* 자료: CDMA 기술 개발 및 산업 성공 요인 분석(오길환, 2002)

06

새로운 성장 동력은 무엇인가?

인바운드 성장 동력 브랜드, In2Korea

4차 산업혁명의 시대에는 세계 어느 나라나 자국만의 한정된 인력, 기술, 자본만으로는 성장 한계에 봉착할 수밖에 없다. 그래서 인바운드 정책이 필요하다. 글로벌 혁신기업, 인재, 자본의 국내 유치를 위해서는 전략과 브랜드가 필요한데 그래서 고안한 대한민국의 인바운드 미래 성장 브랜드가 'In2Korea(Into Korea)'다. In2Korea는 외국 기업, 인재, 투자자들이 국내로 활발히 유입될 수 있도록 전략을 수립하고 이를 실행에 옮기자는 의미를 담고 있다. 우리의 관점이 아니라 외국 기업, 글로벌 인재, 해외 투자자의 입장에서 그들이 필요로 하는 서비스를 제공하고 그들이 어려워하는 문제를 해소할 수 있도록 지원하는 전담 조직 설치도 필요하다.

해외 기업 · 인재 유치를 위한 주요국 기관 및 역할

국가	기관명	주요 역할
영국	Tech Nation	• 해외 기업을 위한 영국 내 네트워크 확보 · 연결 지원 • 무료 온라인 강의 및 워크숍 개최 • 테크네이션 비자 프로그램 제공
독일	Digital Hub Initiative	• 독일 내의 산업별로 특화된 12개 지역의 대기업, 중소기업, 스타트업 및 과학자 커뮤니티 연계 지원
프랑스	La French Tech	• 창업자금, 사무공간, 무료 컨설팅 제공 • French Tech Ticket(창업비자) 제공
싱가포르	Contact Singapore	• 해외 투자자 유치, 법인 설립 지원, 인센티브 제공 • 비자 프로그램 제공

   필자는 2017년 해외 스타트업의 국내 유치 지원사업을 1년간 파일럿 프로젝트로 추진한 적이 있다. 국내에서 창업하고자 하는 해외 스타트업을 대상으로 그들이 공통적으로 필요로 하는 서비스를 제공하는 시범 사업이었다. 창업비자 획득 지원, 사무공간 제공, 한국 파트너 연계, 헬프 데스크 운영 등이 주된 내용이었다. 정부 조직 개편 등의 이유로 당해 연도만 하고 종료되긴 했지만 당시 있었던 해외 기업의 적극적인 수요를 고려하면 향후에 재추진해야 하는 사업이라고 생각한다.

▶ 해외 스타트업의 국내 정착 지원 프로그램

                                                          * 자료: 정보통신산업진흥원

   In2Korea의 전략 분야는 글로벌 경쟁력을 보유하고 우리가 잘할 수 있는 산업을 우선 대상으로 하면 된다. 대표적인 분야가 IT, 문화, 뷰티, 의료, 관광이다. 이들 산업은 우리가 세계에서 가장 뛰어난 분야다. 이들 분야에 있어서만큼은 우리가 세계의 중심이자 리딩국가가 될 수 있다.

In2Korea 핵심 전략 분야

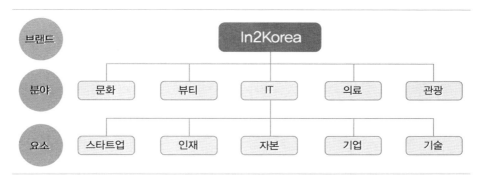

미래를 선도할 최강 IT산업

　대한민국에서 살다 보면 당연한 것처럼 생각되지만 해외에 나가 보면 우리의 통신 서비스는 그야말로 선망의 대상이다. 미국조차도 유무선 인터넷은 차치하고 도심을 벗어나면 휴대전화가 잘 안 터지는 곳도 있다. 세계에서 가장 앞선 인터넷 속도, 유·무선 네트워크 등 우리나라는 자타가 공인하는 IT 강국이다. 외국인들이 우리나라에 와서 놀라는 것 중의 하나가 지하철에서 무료 와이파이를 쓸 수 있다는 것인데 우리 입장에서 보면 특이할 것도 없는 평범한 이야기다. 2019년 4월 세계 최초로 상용화한 5G 서비스를 보더라도 우리나라는 세계 최고, 최상의 IT 인프라를 갖추고 있다. 음악은 물론이고 고화질의 영화를 단 몇 초 만에 다운로드 받을 수 있는 나라, 그게 바로 디지털 대평원을 달려가는 대한민국의 모습이다.

　IT로 외화를 벌어들일 수 있는 방법이 있다. '돈버는 ICT' 전략을 추진하면 된다. 여기에서 ICT란 'IT + Culture + Tour'를 의미한다. 대한민국의 강점인 IT와 문화에 관광을 결합하여 새로운 부가가치를 창출하자는 전략이다. 강점에 강점을 더하면 강점이 극대화된다. 우리나라는 IT와 문화면에서 세계 최고 수준이다. 관광 분야도 역시 풍부한 잠재력을 가지고 있다. 그래서 생각한 것이 '돈 버는 ICT'다. 세계적인 IT강국, 문화강국의 잠재력을 활용하여 우리만의 관광 상품을 만들어 낸다면 큰 경제적 가치를 새롭게 만들 수 있다.

따로따로가 아닌 융합상품을 만들어야 한다. 우리나라는 IT강국이지만 외국인을 위한 IT 서비스 제품은 매우 부족하다. 대한민국을 알리는 다국어 정보가 취약하고 외국인들이 필요로 하는 애플리케이션도 많지 않다. 서울의 대중교통은 세계 최고 수준이지만 외국인들을 위한 교통정보가 부족하다 보니 불편이 따른다. 교통정보뿐만 아니다. 문화정보, 관광정보, 쇼핑정보도 마찬가지다. 내국인을 위해서는 없는 게 없을 정도로 애플리케이션이 넘쳐나지만, 외국인들을 위해서는 있는 게 없을 정도로 개발된 것이 적다. 이미 만들어진 IT 기술을 조금만 활용하면 외국인들이 우리나라에서 먹고 마시고 여행하는 데 아무런 불편을 겪지 않도록 해줄 수 있다.

자동 통번역 서비스, 언어별 애플리케이션 등 외국인들의 입장에서 필요한 IT 서비스를 만들면 작은 돈을 들여 큰 효과를 낼 수 있다. 단기간에 충분히 할 수 있는 것들이다. 식당 메뉴판에 다국어용 QR 코드를 달아 놓으면 자신들의 기호에 맞는 메뉴 선택을 쉽게 할 수 있어 입맛이 맞지 않아 기분이 상하는 불편을 겪는 일이 없어진다. 여행, 문화, 쇼핑 등 다양한 분야에 적용할 수 있다. 관광산업은 낙수효과가 큰 산업이라 내수증진에도 큰 효과가 있다. IT, 문화, 관광과 결합된 융합관광 상품을 개발하는 데 관심을 기울여야 하는 이유다.

대한민국은 IT 대기업들을 많이 보유하고 있다. 삼성, LG, SKT를 비롯하여 네이버, 카카오 등 굴지의 IT 기업들이 있다. 미국, 중국을 제외하고, 우리나라처럼 IT 대기업을 많이 보유하고 있는 나라는 없다. 영국, 프랑스, 일본조차 우리처럼 IT 대기업들을 보유하고 있지 못하다. 이처럼 IT 대기업을 보유하고 있는 것은 국가 차원에서 보면 엄청난 자산이다. 이러한 자산을 효과적으로 활용하면 전 세계의 혁신 스타트업을 유치할 수 있다. 스타트업 입장에서 봤을 때 대기업과 협업할 수 있다는 것은 일약 성공의 기회를 갖게 된다는 것을 의미하기 때문이다.

우리가 가진 빨리빨리 DNA도 디지털 시대의 자산이다. 빠르게 진화하는 기술, 하루가 다르게 등장하는 새로운 서비스들이 우리에겐 낯설지가 않다. 빨리빨리 DNA를 가진 우리는 전 국민이 신기술, 신서비스를 쉽게 수용하고 활용할 수 있는 능력을 가지고 있다. 대기업이 있고, 발 빠른 소비자가 있고, 최상의 인프라를 보유한 우리나라는 새로운 서비스의 테스트 베드가 될 수 있는 최상의 요건을 갖추고 있다. 이러한 장점을 활용해야 한다. 디지털 시대에 세계 각국에서 만들어지는 각종 새로운 IT 서비스를 테스트하고 세계 최초로 상용화할 수 있는 글로벌 오픈 이노베이션 플랫폼을 구축한다면 우리나라가 IT 세상의 중심이 될 수 있다. 충분히 가능한 일이다.

부를 창출하는 문화 산업

대한민국은 문화강국이다. K - POP, 드라마, 한국음식에 대한 해외의 반응이 그것을 증명한다. 필자는 여러 나라들을 방문할 기회가 많은 데 그때마다 한류의 인기를 실감한다. 오래전 일본에서 시작한 한류가 중국으로 확산되었고 동남아시아를 거쳐 중앙아시아로 퍼지고 이제는 유럽과 북남미까지 전파되었다. 싸이의 강남 스타일이 세계를 뒤흔들고 방탄소년단이 빌보드 차트에서 거듭 1위를 차지하고 있다는 것은 놀라운 일이다. 세계 역사상 우리나라처럼 작은 나라의 문화가 전 세계를 열광시킨 사례는 일찍이 없었다. 그럼에도 불구하고 우리나라가 한류로 크게 돈을 벌었다는 얘기를 아직까지 듣지 못했다. 세계를 뒤흔드는 열풍이 계속되고 있는데 큰돈을 벌고 있지 못하다는 것은 무언가 방법이 잘못된 것이 아닐까?

작은 돈을 벌기 위해서라면 해외로 가면 된다. 하지만 국가적 차원에서 큰돈을 벌고자 한다면 외국인들을 국내로 끌어들이는 게 더 효과적이다. 우리는 세계적으로 인정받는 문화 콘텐츠가 있어 외국 관광객을 끌어들일 수 있는 잠재력을 가지고 있다. 전 세계에 확산된 한류를 활용하여 다양한 문화상품을 발굴하고 이를 국내에서 체험할 수 있는 특화 상품을 개발한다면 우리나라를 찾는 외국인이 더욱 많아질 것이다. 서울시가 2024년 오픈을 목표로 창동에 1만 8,400명을 동시 수용할 수 있는 K - POP 전용 공연장 '서울아레나' 건립을 추진한다는 것은 고무적인 일이다. 앞으로는 이와 같은 일들이 보다 많이 추진되어야 한다.

엔터테인먼트 산업은 우리가 다른 나라보다 잘 할 수 있는 분야이고 관광 산업과 연계하면 큰 시너지를 만들 수 있는 분야다. 우리는 역사적으로 가무에 능한 민족이다. 중국 진(晉)나라 때에 쓰인 사서『삼국지 위지 동이전』에는 우리 민족이 노래와 춤을 즐기고 이에 능했다는 여러 기록이 있다. 중국인의 시각에서 보았을 때 우리 민족이 가진 신명과 끼의 문화가 독특하고 뛰어났음을 나타낸다.

　최근에는 한국의 노래와 춤을 배우고자 하는 외국인들이 돈을 싸들고 우리나라로 찾아오고 있다. 외국인을 대상으로 노래, 춤, 연기 등을 교육하는 한류 트레이닝 센터를 이수한 K-POP 유학생이 2018년에 5,000명에 이렀다고 하니 한류 자체가 부를 창출할 수 있는 유망산업이 될 수 있음을 보여 주는 사례다.

한류 트레이닝 센터 교육 프로그램 외국인 이수 현황   (단위: 명)

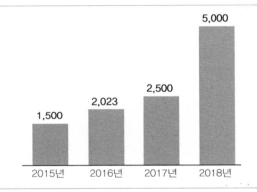

* 자료: 한류 트레이닝 센터

K-POP 유학의 가능성

- 안무·보컬·메이크업, K-POP 유학생 "月 1,000만 원 안 아까워"(매일경제, 2018.7.29.)
  - 학원·대학마다 유학생 발길, 1~2주 체험 프로그램부터 연예계 데뷔 전문 과정까지
  - 한국 대학 실용음악과 진학도 3~4년 새 외국인 학생 4배 껑충
  - 비싸도 한국서 스펙 쌓아야

　CJ E&M이 매년 개최하고 있는 MAMA(Mnet Asian Music Awards)와 같은 프로그램을 다양하게 개발하여 국내에서 정기 개최하는 것도 좋은 사업 모델이 될 수 있다. 한류를 동경하는 외국인들이 많이 찾아오게끔 만든다면 서민 경제에도 크게 도움되고 경제적 파급 효과도 상당할 것이다. 문화의 중심 국가로 성장하기 위한 그랜드 전략이 필요한 이유다.

최근 유튜브에서 인기 몰이를 하고 있는 '영국 남자'가 있다. 잉글랜드 출신 조슈아 캐럿이 한국의 각종 음식과 문화 등을 영어로 소개하는 프로그램인데 구독자가 300만 명이 넘고, 인기 있는 동영상의 경우 조회수가 1,000만을 훌쩍 뛰어넘는다. 영국 남자가 소개하는 것들은 매우 다양하다. 삼겹살, 치맥, 족발, 감자탕, 컵라면, 송편, 불닭, 붕어빵, 떼밀이 체험 등 서양인의 시각에서 신기한 한국의 음식과 문화를 재밌고 유쾌하게 소개한다. 최근에는 어벤져스, 킹스맨 등 영화 주인공, 세계적인 톱 모델들이 방한했을 때 그들과 함께 동영상을 촬영할 정도로 아주 유명해졌다. 영국 남자가 외국인들에게 인기를 끄는 이유는 시청자들이 한국의 독특한 문화와 뛰어난 음식에 반하기 때문이다. 영국 남자 동영상에 달리는 댓글 중 몇 개를 소개해 본다.

- 당신의 채널을 사랑하고 앞으로 꼭 한국을 방문하고 싶습니다. — Nick
- 한국 음식을 먹어 보고 싶어요. 내 인생의 꿈이예요. — Nancy
- 이 비디오를 좋아합니다! 계속 만들어 주세요. 보는 게 즐거워요. — Vivian

우리의 음식에는 깊이가 있다. 수십 년 묵은 장으로 맛을 내고 정성으로 상을 차리는 우리의 음식 문화는 서양인이 생각할 수 있는 수준을 뛰어넘는다. 음식만이 아니라 5,000년의 역사 속에 담겨 있는 한국적 문화와 정서는 영국 남자들이 반했듯이 세계인들도 빠져들 수 있는 매력 덩어리다.

뷰티 산업의 잠재력

대한민국 패션 1번지 동대문 패션 타운은 세계의 유명 명소가 될 만한 잠재력을 가지고 있다. 동대문 패션 타운은 우리만의 색깔, 우리만의 문화, 우리만의 패션이 24시간 잠들지 않고 깨어 있는 곳이다. 광장시장, 평화시장과 같은 재래시장, 두타, 밀리오레와 같은 현대식 쇼핑몰 그리고 동대문 디자인 플라자와 같은 초현실적인 미래형 건축물이 완벽하리만치 조화를 이루고 있다.

의류원단 사업자, 패션 디자이너, 봉제사업자, 도소매업자가 한데 모여 좋은 옷을 저렴한 가격에 신속히 생산한다. 2,000~3,000명의 의류 디자이너들이 새로운 디자인을 내놓기가 무섭게 봉제공장은 바로 제품 생산에 들어간다. 수많은 오토바이들이 줄지어 원단과 생산 제품들을 쉴 새 없이 실어나른다. 이렇게 만들어진 옷들은 대형 상가 30여 개, 개별 점포 3만 5,000개에서 말 그대로 없는 옷 빼고 다 팔리고 있다. 좋은 상품, 빠른 생산, 싼 가격의 3박자가 어우러져 있으니 연간 500만 명에 달할 정도로 외국 바이어와 관광객의 발길이 끊이질 않는다. 24시간 잠들지 않는 패션 타운은 우리뿐만 아니라 외국인들에게도 낯설고 재미난 곳이다.

동타트업이란 신조어도 생겼다. '동대문＋스타트업'을 줄인 말인데 동대문 시장을 중심으로 한 패션 스타트업을 일컫는 말이다. 대표적인 동타트업은 김소희 대표가 만든 '스타일난다'다. 김소희 대표는 2018년 5월 세계적인 화장품 기업 로레알에 4,000억 원을 받고 스타일난다를 매각했다. 동대문 패션업계에 어마어마한 사건이 벌어진 것이다.

최근에 설립된 동대문 패션 스타트업들은 인공지능, 빅데이터 등 IT 기술을 패션에 접목하고 있다. 유행에 민감한 소비자들, 유행을 빠르게 따라가는 동대문 상인, AI·빅데이터 분석 기업들이 결합되면서 동대문은 엄청난 시너지를 응축하며 용틀임을 하고 있다.

뉴욕타임스가 선정한 '꼭 가봐야 할 세계 명소 52곳' 중 하나로 선정된 '동대문 디자인 플라자', 이색적인 경험을 제공하는 광희동의 '러시아 거리', 황학동의 '벼룩시장' 등 외국인들의 관심을 끌 만한 자원은 풍부하다. 필요한 것은 글로벌 감각으로 이러한 자원을 잘 다듬어 내는 것이다. 우리만의 특색과 글로벌 감각을 서로 융합시킴으로써 동대문 패션 타운을 아시아의 패션 트렌드를 이끌어가는 허브로 만들어 낼 수 있다.

우리 모두가 잘 알고 있듯이 화장품과 성형도 뷰티 산업의 핵심 분야다. 이들 산업이 국가 차원의 성장 동력이 될 수 있도록 보다 많은 정책적 관심이 필요하다. 충분한 경쟁력을 보유하고 있기에 '글로벌 뷰티 페어', '아시안 코스메틱 페스티벌', '뷰티 타운 조성' 등을 지원하면 작은 노력에도 큰 효과가 생길 수 있는 분야다.

황금알을 낳는 의료관광 산업

　글로벌 컨설팅 회사인 PwC는 세계적으로 매년 약 1,400만 명의 사람들이 의료관광에 소비하는 돈이 약 77조 원에 이르며 2021년까지 그 규모가 142조 원까지 확대될 것으로 전망했다. 의료관광 산업에 가장 적극적인 나라 중의 하나가 태국이다. 태국 정부는 '태국을 국제 의료허브로 개발하기 위한 10개년 전략 계획(2016~2025)'를 추진하며, '외국인 환자 및 보호자에 대한 장기 체류 허용', '의료기기제조, 의약품 제조 기업에 대한 세금 면제' 등 적극적인 지원 정책을 펼치고 있다. 태국 정부가 의료 산업을 육성하는 이유는 의료관광객을 유치하여 외화를 벌어들이는 것 이외에도 의료 품질을 높여 국민에게 더 나은 서비스를 제공하기 위함이다.

아시아 주요 의료 관광국 현황

구분	의료관광객 수	강점	특기사항
태국	320만 명(2017)	높은 의료 수준, 저렴한 비용, 신속한 서비스	• 전체 관광의 약 10%가 의료 목적 • 관광과 연계하여 장기투숙, 휴양 리조트, 여가 프로그램, 일대일 간병 서비스 등 제공 • 의료＋뷰티＋헬스＋웰빙 상품
싱가포르	120만 명(2013)	높은 의료 수준, 영어공용화, 서구적 문화 및 사회 규범	• 고소득층 대상으로 숙박, 레저, 웰니스를 원스톱으로 체험할 수 있는 클러스터형 민간 복합 리조트 개발 • 웰니스를 미래성장동력 산업으로 지정 • 2020년까지 연 200만 명 해외환자 유치, GDP의 2% 수준인 60억 달러 외화수입, 1만 3,000개 일자리 창출 목표 • 의료관광 국가 브랜드 'Singapore Medicine' 개발
말레이시아	88만 명(2015)	저렴한 비용, 높은 의료 수준, 현대식 보건 시설, 훈련된 의료진	• 아시아에서 의료관광 목적지 3위 • 12대 국가핵심 경제 분야로 의료관광 선정
한국	32만 명(2017)	세계 최고 의료 수준, 저렴한 비용, 신속한 서비스, 풍부한 진료 경험, 현대식 의료 시설	• 외국인 환자 유치 허용(2009) • 외국인 대상 의료광고 허용(2016)

* 자료: 한국의료관광마케팅 2016(문화체육관광부), 2017 외국인환자 유치실적 통계분석 보고서(한국보건산업진흥원), Kotra 해외시장 뉴스 등

앞 표에 나타난 것처럼 태국이 유치하는 의료관광객 수는 2017년 320만 명으로 우리나라의 10배에 달한다. 놀라운 수준이다. 숫자 면에서 본다면 우리나라 의료관광 산업은 아직 미흡한 수준이지만, 우리는 이 분야에서 엄청난 잠재력과 탁월한 경쟁력을 보유하고 있다. 최고의 인재들이 의과대학에 진학하고 의사들은 진료·수술 경험이 많아 의료 기술도 세계적 수준이다. 예전에는 우리 의료진이 해외 연수를 가는 게 다반사였지만 이젠 미국, 유럽, 중국, 베트남 등지에서 매년 1,000여 명의 의료진이 우리 수술법을 배우기 위해 국내로 연수를 오고 있다.

탁월한 의료 서비스, 잘 정비된 의료제도, 선진국 대비 저렴한 진료비, 이를 뒷받침하는 IT 인프라도 완벽하게 갖춰져 있어 의료 분야만큼은 우리나라가 다른 선진국에 견주어도 손색이 없다. 그럼에도 불구하고 의료 산업으로 외화를 벌어들이고 있지 못하다. 의료 산업에 가장 뛰어난 인재들이 포진해 있음에도 불구하고 외화를 벌어들이지 못하는 이유는 무엇일까?

우리나라에 외국인 환자 유치가 허용된 것은 불과 10년 전인 2009년에 의료법이 개정되고 나서다. 단, 사전에 등록된 병원이나 유치기관만 외국인 환자를 유치할 수 있으며 상급종합병원은 외국인 병상 수를 제한하고 있다. 의료해외진출법 제10조 및 동법 시행규칙 제8조에 의해, 외국인 환자 병상수를 상급병원은 5%, 종합병원은 8%까지만 유치할 수 있도록 제한되어 있다. 하지만 2017년 기준, 실제 이용 실적은 상급종합병원 0.66%, 종합병원 0.42%로 각 병원의 허용한도인 5%와 8%에 크게 못 미치고 있다. 실적이 저조한 원인은 여러 가지가 있을 수 있겠으나 그 이유 중의 하나는 2016년이 되어서야 비로소 외국인을 대상으로 의료 광고를 할 수 있는 법적 근거가 만들어졌기 때문이다. 의료 산업이 가진 잠재력에 비해 외국인 환자 유치사업은 출발이 늦은 것이다.

긍정적인 측면은 외국인 환자 유치가 허용된 지 아직 10년이 되지 않았지만 2017년에 우리나라를 찾은 외국인 환자가 32만 명, 이를 통해 벌어들인 진료 수익은 6,399억 원에 달했다. 최초 연도인 2009년에 비해 환자 수는 5배(연평균 성장률 23%), 진료 수익은 12배 증가했다. 짧은 기간 동안 이룬 실적은 의료관광 산업의 성장 잠재력을 증명하는 지표라고 하겠다.

연도별 외국인 환자 수

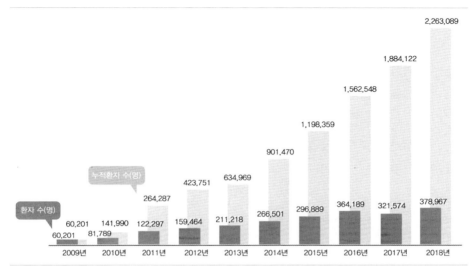

* 자료: 보건복지부(2019)

외국인 환자 유치 현황

- (수익) 2017년, 외국인 환자 32만 명, 총 진료수입 6,399억 원, 1인당 평균 진료비 199만 원(내국인 145만 원 대비 1.4배)
- (비율) 내국인 환자 수(4,791만 명) 대비, 외국인 환자수(32만 명)는 0.7%
- (병상 점유율) 상급종합병원 0.66%, 종합병원 0.42%로, 각 병원 허용 한도인 5%와 8%에 크게 못 미침
- (국적) 중국(31%), 미국(13.8%), 일본(8.5%), 러시아(7.7%), 카자흐스탄(3.9%) 순
- (진료과) 내과통합(20%), 성형외과(12.3%), 피부과(10.9%), 검진센터(9.8%), 정형외과(5.7%) 순
- (진료비) 2016년 UAE 환자 3,384명, 평균 진료비 1,066만 원, 입원환자 평균 진료비 3,871만 원

* 자료: 2017 외국인 환자 유치실적 통계분석보고서(한국보건산업진흥원, 2018)

글로벌 메디컬 타운

국내에서 가장 앞선 병원 중의 하나인 서울대 분당병원의 경우 최근 몇 년 동안 UAE에서 병원을 운영하며 국내 의료진과 병원 시스템을 수출하였다. 게다가

현지로부터 국내 의료 기술에 찬사를 받는 등 뜻깊은 성과를 올리고 있다. 러시아 스콜코보에도 디지털 첨단병원 건립을 추진하는 등 의료산업의 해외 진출을 선도하고 있다. 고무적인 일이다. 그러나 국가차원에서 봤을 때 병원 몇 개를 수출하는 것으로 외화획득의 획기적인 확대를 기대하긴 곤란하다. 병원 하나하나를 수출하는 것도 물로 바람직하지만 많은 해외 환자들이 국내로 유입될 수 있도록 만든다면 규모와 실익 측면에서 더욱 큰 효과를 얻을 수 있다.

'의료 산업의 글로벌화'는 국내 병원이 해외로 가는 것이 아니라 수많은 외국 환자들이 우리나라를 찾아오게 만드는 것으로 해석되어야 한다. 국내 의료 산업의 글로벌화를 위한 새로운 전략이 마련된다면 우리나라는 반드시 세계 최고의 의료관광 국가가 될 수 있을 것이다.

인구 감소가 지속되기에 환자 수가 향후 점점 줄어들게 된다. 이대로 두면 의료 산업도 레드오션화되고 미래도 불확실해질 수밖에 없다. 의료 산업이 성장하기 위해서는 해외 환자들을 국내로 유치시켜야만 한다. 선택이 아닌 필수다.

세계 각국의 환자들을 위한 최고급 의료 서비스를 제공하는 대규모 '글로벌 메디컬 타운'을 건립·운영하는 프로젝트를 추진하는 것이 효과적일 것이다. 세계 각국의 언어로 서비스하고 국적에 상관없이 아무런 불편이 없도록 인프라를 갖추어 놓으면 세계 각국으로부터 수많은 환자들이 이곳을 찾게 된다. 대부분의 환자가 한두 번의 진료로 충분하지 않을 것이기에 상당 기간 국내에 머물게 될 것이고 보호자도 동반할 것이다. 한국보건산업진흥원 자료에 따르면 외국인 환자 중 보호자와 함께 입국한 비중은 70%로 환자 1인당 동반자수는 평균 2.4명이다. 이들을 위한 숙박, 요식, 문화 공간도 함께 필요하다.

의료관광 산업을 육성하면 연관 산업이 동반 성장할 수 있고 새로운 일자리도 만들 수 있다. 당연히 국가 경제에 미치는 파급력이 커지게 된다. 해외 시장을 찾아가던 기존의 방식을 벗어나 세계 최고 기술, 최상의 서비스를 제공하는 인바운드형 의료 산업을 육성하는 것이 더 효과적이고 더 생산적이다.

다음 표에 나타나 있듯이 우리나라는 미국, UAE, 베트남, 인도네시아, 러시아, 영국으로부터 환자를 유치할 수 있는 충분한 경쟁력을 가지고 있다. 다문화 가정 활용, 외국인 유학생 활용, 대학 전공 과정에 국제의료보조학과 등을 신설한다면 언어 문제, 출신 국가별 맞춤형 진료 문제 등을 쉽게 해결할 수 있다. 잠들어 있는 역량을 깨울 수 있다면 의료관광 산업은 황금알을 낳는 거위가 될 수 있을 것이다.

주요국 의료 서비스 동향

국가	내용
미국	의료 수준은 높으나 고액의 의료 보험료로 인구의 15%에 달하는 4,500~4,800만 명이 의료보험 미가입. 의료채무로 인한 파산하는 경우도 발생
UAE	고소득층은 자국의 의료 서비스 수준에 만족하지 못하고, 미국 및 유럽 등지에서 의료 서비스 이용
베트남	자국의 취약한 의료시설과 의료진에 대한 불신 탓에 해외 병원에서 진료를 받는 베트남 환자가 연간 4만 명에 이르며 의료비는 연간 수조 원 규모
인도네시아	고소득층 사람들이 해외에서 의료서비스에 지출한 금액은 약 80억 달러로 이들 환자는 의사소통이 수월한 싱가포르, 말레이시아를 주로 방문
러시아	자국 의료기관 이용 후 21%가 만족하는 반면, 61%가 불만족
영국	치료를 받기까지의 긴 대기시간으로 인해, 해외로 의료 서비스를 받고자 하는 영국인이 증가

자료: 한국 의료관광 산업 생태계 현황분석 및 의료관관 활성화 중장기 전략 보고서(한국관광공사, 2016)

2019년 4월 제주도에서 개원하려다 결국 개설 허가가 취소된 녹지병원 사례는 영리병원 설립에 대한 과도한 우려와 의료 산업화에 대한 장기 전략의 부재 등이 낳은 안타까운 결과라고 생각한다. 녹지병원은 당초 외국인 전용 병원을 조건부로 허용되었다. 외국인을 대상으로 하는 대형병원의 설립은 헬스케어, 관광, 숙박 등 인근 지역경제의 성장을 견인할 수 있다. 영리 병원이 생기면 의료비가 상승하여 그 피해가 일반 국민에게 돌아간다는 논리는 현실과 거리가 먼 기우가 아닐까 생각한다.

인구가 갈수록 감소하고 있어 멀지 않은 미래에 의료업계 전체가 환자 감소로 인해 위기를 맞을 수 있다. 이미 산부인과 병원은 출산율 저하로 위기의식이 감돌고 있다고 한다. 인구절벽이 현실화되고 있는 상황에서 의료업계가 불황을 겪지 않기 위한 대안은 해외 환자를 적극적으로 유치하는 것이다. 최고의 경쟁력을 가지고 있는 의료 산업을 활성화하여 국가 성장 동력으로 육성하기 위한 전략적 고찰이 필요하다.

의료관광의 풍부한 잠재력

* 韓, 세계가 주목한 올해의 의료관광 국가(메디컬투데이, 2018.6.1.)
  - 글로벌 의료관광 전문지 International Medical Travel Journal이 매년 개최하는 국제 의료관광 컨퍼런스에서 한국이 '올해의 의료관광 목적지' 대상을 수상
  - 한국을 방문한 외국인 환자 수가 크게 증가한 점을 높이 평가

인바운드 의료관광 서비스 우수 사례

* (브랜드) Medical Korea
* (주체) 보건복지부, 한국보건산업진흥원, 한국관광공사 등
* (우수 사례)
  - (가이드 북) 한국 의료관광 디렉토리 북 제작·배포
  - (온라인) www.visitmedicalkorea.com 운영(외국인이 필요로 하는 제반 정보 제공)
  - (오프라인) Medical Tourism Information Center 설치(서울, 부산, 인천)
  - (진료 지원) 외국인 환자 진료를 위한 다국어 서식집 제작·배포
  - (의료진 홍보) 한국 의료인력 우수성 홍보 브로셔 제작·배포

► Visit Medical Korea 홈페이지

풍부한 관광자원

우리나라 관광산업은 싱가포르, 두바이보다 규모가 작다. 싱가포르나 두바이 같은 작은 도시 국가보다 해외 관광객이 적다는 사실을 한 번쯤 숙고해 봐야 한다. 우리나라는 두바이보다 24배, 싱가포르보다 140배가량 더 넓다. 기후도 두 나라보다 훨씬 좋고 문화유산도 훨씬 많다. 두바이나 싱가포르는 천혜적인 관광자원이라고 할 만한 것이 거의 없다시피 한 나라지만 우리나라보다 더 많은 관광객이 방문하고 더 많은 관광수입을 올리고 있는 것은 그들 국가가 추진한 정책이 효과적이었기 때문이다.

관광객 규모 비교(2017년)

구분	일본	싱가포르	두바이	대한민국
외국인 관광객 수(만 명)	2,869	1,742	1,579	1,333
관광 수입(조 원)	44	22	33*	15

* 2016년 데이터

우리나라는 문화, 뷰티 등 외국인들이 선호하는 관광 자원을 보유하고 있다. 다른 나라들이 갖고 있지 못한 우리만의 독특한 관광 자원도 풍부하다. 그러나 이러한 자원을 그다지 효과적으로 개발하고 있지 못하고 있다. 우리의 시각만으로는 우리가 가지고 있는 문화 상품의 진가를 알기가 쉽지 않다. 외국인의 시각에서 보아야 그들에게 어필할 수 있는 상품을 개발할 수 있다.

그러기 위해 필요한 것이 글로벌 관점이다. 대한민국 사람들이 만든 관광 상품은 내국인용이 될 수밖에 없다. 외국인을 위한 관광 상품을 고안하기 위해서는 외국인을 활용해야 한다. 우리의 시각으로는 볼 수 없었던 관광 상품들을 외국인의 시각에서는 발견할 수 있기 때문이다. 그래서 혹자는 이야기한다. 외국인들의 취향에 맞는 관광 정보를 가장 많이 보유한 사람들이 미8군이라고.

일본 관광지는 외국인들을 위한 안내 자료가 잘 비치되어 있다. 반면 우리나라는 이러한 면이 매우 부족하다. 외국인의 입장에서 필요한 정보를 제공할 수 있도록 개선해야 한다. 우리나라의 강점인 IT를 활용하면 풍부한 정보를 다양한 언어로 손쉽게 제공할 수 있다.

　미국의 인터넷 신문 '허핑턴 포스트'가 외국 여행객이 한국에 대해 놀라는 5가지에 관한 기사를 낸 적이 있다. 첫째, 대중교통이 정말 편리한 나라, 둘째, 거리가 깨끗한 나라, 셋째, 사람들이 착한 나라, 넷째, 커피숍과 휴대폰 매장으로 가득한 나라, 다섯째, 의외로 영어가 잘 통하는 나라 등이다. 별 것 아닌 것 같지만 특별한 요소들이다. 우리야 늘상 접해서 별다르게 못 느끼지만 외국인들 입장에선 이런 사소한 점들이 신기한 것이다.

　유럽으로 여행을 가면 소지품을 챙기는 데 바짝 긴장해야 한다. 언제 어디서 내 물건이 없어지는 상황이 발생할지 모르기 때문이다. 반면 가방이나 고가의 핸드폰을 어딘가에 잠시 놓아 두어도 안전한 나라가 우리나라다. 관광 산업 측면에서는 이렇듯 사소한 것들이 경쟁력의 기반이 된다. 한류와 결합된 뷰티, 패션, 쇼핑, 의료, 문화 체험 등을 연계한 다양한 관광 상품을 개발해야 한다. 낙수효과가 크고 일자리도 많이 늘릴 수 있는, 잠들어 있는 관광 산업을 깨워야 한다.

07

세계에서 가장 앞선 미래 도시를 만들자

35년 후의 미래를 맞춘 그림

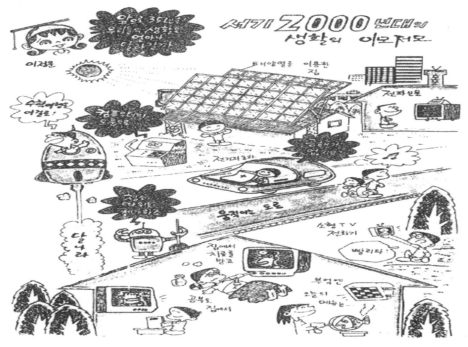

이정문 화백의 서기 '2000년대의 생활의 이모저모' ◀

우연한 기회에 이정문 화백이 1965년에 그린 '서기 2000년대의 생활의 이모저
모'란 제목의 삽화를 접하고 나는 깜짝 놀랐다. 35년 후 일상생활의 모습이 얼마

나 달라질까 하는 주제로 그린 그림인데, 태양열 집, 전기 자동차, 움직이는 도로, 전파 신문, 소형 TV 전화기, 청소 로봇, 원격 진료, 온라인 학습, 컴퓨터 활용 등 거의 모두가 오늘날 일상생활에서 다 실현되었기 때문이다.

나는 이정문 화백이 과거에 했던 것처럼 똑같이 상상을 해본다. 1965년에 상상했던 2000년대의 생활 모습이 오늘날 현실 속에서 모두 구현되었듯이, 지금 이 순간에 상상하는 것들 또한 멀지 않은 미래에 구현될 수 있지 않을까?

그렇다면 지금 상상하는 미래의 모습을 오늘날 미리 앞서 구현해 보는 것은 어떨까? 이러한 생각 속에서 나는 베타 시티(Beta City)라는 콘셉트를 구상하였다. 여기서 말하는 베타라는 용어는 '베타 서비스'에서 따온 것으로 소프트웨어 프로그램이나 게임의 정식 버전이 출시되기 전에 프로그램이 혹시 가지고 있을지 모를 오류를 점검하고 사용자들로부터 피드백을 받기 위하여 제품을 미리 공개하는 미완성의 서비스 제품을 뜻한다. 완벽함이 아닌 결함, 완성이 아닌 미완성이 더 필요하다는 철학이 베타 서비스에 담겨져 있다. 베타 서비스의 개념을 바탕으로 미래에 만들어질 도시의 모습을 미리 오늘에 구현해 보자는 것이 베타 시티 구상의 출발점이다.

미래 도시 베타 시티

베타 시티는 '미래 신기술 관련 제품 및 서비스를 국내·외의 모든 사업자가 자유로이 테스트하고 세계 최초로 상용화를 할 수 있는 오픈 이노베이션 도시 플랫폼'이다. 베타 시티는 3가지 개념을 가지고 있다.

첫째, 미래 도시다. 미래 도시 개념은 아직은 현실에서 사용되고 있지 않지만 가까운 미래에 일상생활에 적용될 수 있는 새로운 기술을 실생활 환경에서 먼저 테스트해 보고 다른 나라보다 먼저 상용화하자는 의미다. 우리나라는 IT 인프라 면에서 세계 최고 수준이고 얼리 어답터들도 풍부하기에 새로운 서비스를 만들어 사용자들을 대상으로 테스트할 수 있는 최적의 국가다.

둘째, 국제 도시다. 국제 도시 개념은 우리나라 기술 외에도 세계 각국의 기술과 인력을 유입시켜 글로벌 서비스를 개발하자는 의미다. 선진 기술, 고급 해외 인재가 유입되어야 세계 시장에서 통용될 수 있는 제품과 서비스를 개발할 수 있다. 세계인에 의해 만들어져야 세계인들로부터 호응을 받을 수 있다.

셋째, 테마 도시다. 테마 도시는 특정 주제와 관련된 아이디어와 기술에 초점을 맞추자는 것이다. 예를 들면, 로봇, 미래이동수단, 헬스케어, 농업 등 일상생활과 밀접하게 연관되고 산업 규모도 큰 주제를 선정하고 선택과 집중을 통해 역량을 집중하자는 것이다. 한 도시 안에 여러 가지 미래 기술을 동시에 적용하다 보면 예상치 못한 일들이 생기게 되고 자칫 시민의 안전이 위협받고 피로도가 증가할 수 있다. 이를 예방하기 위해서 한 가지 분야에 집중하는 것이 현명한 방법이다.

▶ 베타 시티를 잘할 수 있는 이유

- (뛰어난 기반) 세계 최고 수준의 IT 인프라 보유
- (빠른 소비자) 새로운 제품과 서비스에 대한 풍부한 얼리 어답터 보유
- (우수한 기업) 경쟁력을 보유한 대기업, 전문 기술을 보유한 중소기업 보유
- (상용화 기술) CDMA 사례처럼 해외 원천기술을 조기 상용화할 수 있는 능력 보유

▶ 베타 시티가 필요한 이유

- (기술 확보) 부족한 기술, 부족한 혁신 역량을 글로벌 차원에서 확보
- (내수 진작) 해외 기업, 기술, 자본을 유치하여 국내 경제의 에너지로 활용
- (지역산업 육성) 울산, 거제, 군산 등 침체 도시를 살릴 수 있는 효과적 방법
- (중심 국가) 마켓 플레이스를 확보하여 중심 국가로 성장 가능

▶ 베타 시티가 추구하는 7가지 가치

① (오픈 이노베이션 플랫폼) 미래 신기술 기반 제품 및 서비스를 국내·외 모든 사업자가 자유로이 테스트 하고 세계 최초로 상용화 할 수 있는 오픈 이노베이션 도시 플랫폼

> ▶ [미래 도시] 미래 차세대 신기술 상용화 특구
> ▶ [국제 도시] 세계 각국 기술·자본·인력이 유입·유출되는 글로벌 허브
> ▶ [테마 도시] 특정 주제 관련 아이디어와 기술이 융합되는 도시 플랫폼

② (다국적 생태계 조성) 전 세계의 우수 기술·자본·인력이 유입되는 글로벌 혁신 용광로
- (In-bound) 선진 기술, 고급 인력, 외국 자본을 유입시켜 세계 시장을 겨냥한 세계 최초의 제품·서비스 개발 및 상용화
- (Out-bound) 신규 서비스를 테스트하고 검증한 후, 해외 시장을 대상으로 수출
③ (글로벌 Hub 도약) 차세대 서비스가 세계 최초로 실증 및 상용화되는 글로벌 테스트 베드
④ (기업 육성·일자리 창출) 해외 기술·기업의 국내 법인 설립 및 국내 기업과의 상생협업 확대로 신규 일자리 창출
⑤ (전후방 산업 효과) 관련 분야 제조 및 부품산업의 성장을 견인하여 전후방 산업 파급 효과를 확대
⑥ (국가균형발전) 지역별 특화 아이템(로봇, 모빌리티, 헬스케어, 농업 등)을 선정하고 집중 육성하여 국가균형발전에 기여
⑦ (경제 성장에 기여) 혁신기업의 유치, 성장을 통해 국내 법인 설립, 세수 확대, 경제 활성화 등 새로운 국가 성장 동력 확보 가능

로봇 베타 시티

가까운 미래에는 우리의 일상생활에 로봇들이 많이 등장할 것이다. 로봇 베타 시티는 인간과 로봇이 공존하는 미래의 모습을 오늘에 구현하는 세계 최초의 로봇 도시를 지향한다. 지금 이 순간에도 세계 각국에서 수많은 로봇들이 만들어지고 테스트되고 있다. 로봇 베타 시티는 우리나라를 포함하여 전 세계에서 만들어진 로봇들을 국내로 유치하여 제품의 완성도를 높이고, 연중 상시 서비스를 시연하는 도시 플랫폼이다. 이들을 유인할 수 있는 방법 중의 하나는 '로봇 채용 박람회'를 개최하는 것이다. 정부-지자체-사용자가 공동으로 로봇 채용 박람회를 개최한다. 실제 사람을 채용하는 것과 동일한 방식으로 모집 공고를 내고 지원한 로봇을 대상으로 서류 및 면접평가를 통해 최적의 로봇을 채용한다.

로봇 채용 박람회 기획안

- 로봇을 사용할 기업 및 사용자가 채용분야, 수행업무, 응시자격, 채용조건, 근무환경 등을 제시하고, 로봇 제조사는 채용신청서를 제출
- 서류평가, 면접평가, 연봉협상을 통해 채용 여부를 확정
- 기술포럼을 개최하여 기술교류 및 사업자간 네트워킹 장을 제공

집에서 애완견을 대신하는 반려 로봇, 공원에서 쓰레기를 치우는 청소 로봇, 학교에서 탁구를 가르치는 탁구 코치 로봇, 식당에서 음식을 나르는 서빙 로봇, 공장에서 물건을 나르는 이송 로봇, 악조건 환경에서 인간을 대신하는 극한작업 로봇, 공장에서 물건을 생산하는 작업 로봇 등 다양한 분야에서 로봇을 활용할 수 있다.

세계 각국에서 개발되고 있는 로봇들을 공개 채용하는 형태로 글로벌 통합공고를 내고 국내 사업자들의 수요와 매칭시키면 된다. 정부와 지자체, 사용자가 각각 일정 비율로 비용을 분담하여 공동 추진하면 부담도 줄이고 시너지도 낼 수 있다.

실리콘밸리에서 만들어져 목동 피자헛에서 시험 서비스를 한 바 있는 레스토랑 서빙 로봇 '딜리' 사업자에게 필자가 문의한 결과 연봉 1,800만 원이면 1년간 리스를 해줄 수 있다고 한다. 로봇을 고용할 경우 이를 보러 오는 고객들이 생겨 매출 신장에도 긍정적 효과가 생긴다.

직접적인 보조금 지원 이외에도 국내 로봇 생산 기업과 협업하여 제품 성능을 향상할 수 있도록 체계를 구축하는 것도 필요하다. 연구소·대학 등 국내 기술과 협업체계를 구축하여 완성도를 높일 수 있도록 지원하고, 완성된 제품은 국내 제조업과 연계하여 양산한 후 세계 시장에 내다 팔 수 있는 체계를 만들어 간다면, 부품, 소재, 제조 등 전후방 산업에 대한 파급효과까지 기대할 수 있다.

로봇 인구 밀도가 높아지고 인간과 로봇이 공존하는 미래 세상을 먼저 제시하게 되면 전 세계 매스컴이 관심을 보일 것이다. CNN, NBC 등을 통해 대한민국의 로봇 베타 시티가 언론에 나오게 되면 자연스레 지역 홍보도 이루어진다. 더 많은 로봇 제조사들이 국내로 들어오게 되고 해당 도시는 세계에서 가장 유명한 미래 로봇 도시가 된다. 로봇에 대한 원천기술이 없더라도 마켓 플레이스를 먼저 구축하고 우리의 장점인 서비스 상용화 능력을 결합한다면 세계에서 가장 유명한 로

봇 클러스터도 만들 수 있다. 그렇게 되면 새로운 일자리도 만들어지고 지역경제, 국가경제에 기여할 수 있는 미래 산업이 성장하게 된다.

기존처럼 로봇을 만들어 세계 시장에 내다 파는 방식이 아니라, 독일의 박람회처럼 로봇 마켓 플레이스를 만들어 글로벌 고객을 대상으로 연중 상시 운영되는 플랫폼 전략을 추진해야 한다. 우리의 혁신 DNA를 발휘할 수 있는 유망한 비즈니스 모델이다.

로봇 베타 시티의 모습

• 악기 연주 로봇(도요타)

• 안내 로봇(소프트뱅크 로보틱스)

• 글 쓰기 로봇(로봇랩)

• 배송 로봇(스타십 테크놀로지)

* 자료: 위키 미디어 커먼즈, robotlab

로봇 베타 시티의 모습

• 탁구 로봇(TOSY)

• 서빙 로봇(베어 로보틱스)

• 재난현장 로봇(NIST)

* 자료: 위키 미디어 커먼즈, 베어 로보틱스

로봇 베타 시티 성장 시나리오	
로봇 베타 시티 조성	• 로봇 베티시티 선정 • 로봇 베타 시티 마스터 플랜 수립 • 로봇 상용화 플랫폼, 통합 인프라 구축
전 세계 로봇 유치	• 글로벌 로봇 채용 박람회 개최 등을 통한 국내외 우수 로봇 유치 • 전 세계 우수 로봇 발굴
로봇 서비스 개발 · 적용 및 상용화	• 글로벌 협업을 통한 신규 로봇 개발 • 베타 시티 내 서비스 제공 • 상용화, 경제성, 시장성 검증
일자리 창출 및 지역경제 활성화	• 창업 활성화, 새로운 서비스 개발 · 적용 확대 • 국내 · 외 기업연계를 통한 제조 · 양산 • 합작법인 설립 및 전문메이커 육성 • 양질의 전문 일자리 창출
글로벌 미디어 관심 집중	• 전 세계 언론 · 미디어 관심 및 취재 • 로봇 성공사례 확산
해외 판매	• 미디어 홍보, 초청 · 체험을 통한 고객 확보 • 상용화 제품 · 인프라 해외 판매
로봇 글로벌 허브 실현	• 신개발 로봇이 유입되고 다시 해외로 진출하는 글로벌 로 봇 허브 실현

모빌리티 베타 시티

테슬라의 전기자동차, 구글의 무인자동차 그리고 드론형 이동수단의 등장은 미래 이동수단이 다양한 형태로 발전될 것임을 예고하고 있다. 육상뿐만 아니라 해상과 항공분야에서도 미래형 교통수단을 개발하기 위한 시도가 세계적으로 활발히 이루어지고 있다. 따라서 이동 수단과 관련된 전 세계의 선도 기술을 모아 세계 최초로 새로운 서비스를 구현하고 이를 상용화함으로써 미래 도시의 모습을 오늘에 구현하는 모빌리티 베타 시티도 각광을 받을 수 있는 아이템이다.

자율주행 자동차, 자율주행 셔틀버스, 드론 택시, 수륙양용 자동차, 에어 버스, 카 셰어링, 자전거 셰어링, 초소형 전기차, 전동 스쿠터, 전동 퀵 보드 등 일일이 나열하기 힘들 만큼 수많은 이동수단이 시시각각 등장하고 있으며 이들은 전통적인 이동수단을 빠르게 대체해 나갈 전망이다. 그렇다면 전 세계에서 활발하게 제작되고 있는 미래형 이동수단을 국내로 유치하여 이를 실험하고 상용화할 수 있는 모빌리티 도시 플랫폼을 건설하여 이 분야를 선도하는 것은 어떨까?

2018년 10월 전남 영광에서 개최된 'e-모빌리티 엑스포'는 개최 첫 해였음에도 불구하고 국내 97개사를 포함한 세계 18개국 120개사, 참관객 8만 7,000명, 2,800만 달러 수출계약을 체결하는 등 동 산업분야에서의 가능성을 보여 주었다. 지능형 교통시스템이 잘 구축되어 있고 훌륭한 IT 인프라, 삼면이 바다로 둘러싸인 지리적 이점, 자동차·조선 산업에서 축적된 기술적 노하우를 융합한다면 이 분야 역시 우리의 잠재력을 바탕으로 세계적인 경쟁력을 확보할 수 있을 것이다.

모빌리티 베타 시티의 모습

• 여행가방 이동수단(Airwheel)

• 개인용 이동수단(현대자동차)

• 자율 주행 미니버스(도요타)

• 개인동 이동수단(Acton Rocket Skates)

* 자료: 위키 미디어 커먼즈 등

모빌리티 베타 시티의 모습

• 개인용 이동수단(한국타이어)

• 드론 택시(Airbus)

• 자기 부상 스케이트 보드(한국타이어)

• 개인용 드론(Kitty Hawk)

* 자료: 위키 미디어 커먼즈 등

해외 스타트업 유치 성공 사례

　필자는 해외의 우수한 스타트업을 유치하여 우리나라를 아시아의 실리콘밸리로 만들어 보자는 당찬 비전을 가지고 2016년에 'K-Startup 그랜드 챌린지'라는 스타트업 오디션 프로그램을 기획하였다. 이 프로그램은 국내 스타트업이 아닌 해외 스타트업만을 지원 대상으로 하였는데 이렇게 한 이유는 우리나라에 부족한 해외 인재와 기술을 유치하고, 더불어 우리나라의 창업 생태계를 '글로벌화'하고자 했기 때문이다.

사업 기획 초기에 업계 전문가 분들을 초빙하여 자문회의를 개최하였는데, 당시 참여한 전문가 대부분이 이 사업은 실패할 것이라 예상했다. 해외 스타트업들이 무엇이 아쉬워 내수 시장도 작고, 별 볼일 없는 대한민국으로 오겠느냐는 것이 주된 이유였다. 100개만 신청을 받아도 성공이라며 사업 추진 자체에 대해 우려를 표하였다. 나와 동료들은 해외 스타트업들이 '왜 한국에 와야 하는지? Why Korea?'에 대한 답을 마련하고자 머리를 맞대었다.

대개 그렇듯 우리는 스스로를 잘 알고 있다고 생각한다. 어느 정도는 맞지만 전부 맞는 것은 아니다. 왜냐하면 어떤 것에 대한 기준은 절대적일 수도 있지만 상대적인 것이기도 하니 말이다. 우리의 시각에서만 바라보면 우리가 다른 나라보다 무엇이 앞서 있고 무엇이 부족한지 비교 평가를 할 수 없다. 우리의 수준을 잘 알기 위해서는 우리의 시각이 아닌 제3자의 시각에서 다른 나라의 수준과 비교되는 우리를 바라봐야 한다. 필자는 운이 좋게도 지난 10여 년 동안 세계 여러 나라를 가 볼 수 있는 기회가 있었고 많은 외국인들과 대화를 나누면서 그들이 바라보는 대한민국의 모습이 어떤 것인지? 우리를 어떻게 생각하는지에 대해 보다 잘 이해할 수 있었다. 이러한 경험을 바탕으로 해외 기업들에게 어필할 수 있는 우리만이 가지고 있는 특별한 강점 10가지를 도출하였다.

▸ 세계 최고 수준의 ICT 인프라

우리나라는 세계에서 가장 앞선 인터넷 속도, 브로드 밴드, 모바일 네트워크를 보유하고 있다. 세계 최초로 5G 서비스를 상용화한 것처럼 우리나라는 다른 나라와 비교할 수 없을 정도의 훌륭한 ICT 인프라를 보유하고 있다. 시내 곳곳에서, 지하철에서도 무료로 초고속 와이파이를 이용할 수 있는 나라는 세계에서 우리나라밖에 없다.

▸ 풍부한 얼리 어답터

우리나라는 ICT 인프라가 앞서 있는 까닭에 새로운 서비스가 출시될 경우 이를 조기에 사용해 보려는 얼리 어답터들이 많다. 전 국민이 신기술, 신서비스를 쉽게 수용하고 활용할 수 있는 능력을 보유하고 있음을 나타내기도 한다. 풍부한 얼리 어답터를 보유하고 있는 우리나라는 새로운 제품과 서비스의 상품성을 시험

해 볼 수 있는 테스트 베드로서 매우 적합한 곳이다. IT뿐만 아니라 패션, 뷰티 분야에서도 마찬가지다. 새로운 것에 열광하는 국민성은 우리의 강점이다.

▶ ICT 대기업

우리나라는 삼성, LG, SK, 네이버, 카카오 등 세계적으로 유명한 ICT 대기업을 보유하고 있다. 미국과 중국을 제외하고 우리나라처럼 ICT 대기업을 많이 보유하고 있는 나라는 없다. 선진국이라고 하는 영국, 프랑스, 일본 기업들 중에 ICT 대기업을 쉽게 떠올릴 수 없는 반면 우리나라 대기업들은 글로벌 ICT 세계에서 커다란 위상을 차지하고 있다. 새로운 기술과 아이디어를 보유한 스타트업 입장에서 우리나라의 대형 ICT 기업과의 협업은 엄청난 비즈니스 기회라는 점을 고려할 때 우리나라의 대기업은 다른 나라가 보유하고 있지 못한 뛰어난 강점이다.

▶ 빨리빨리 DNA

빨리빨리 문화는 우리 민족을 대표하는 민족성 중의 하나다. 외국인들도 빨리빨리라는 단어를 알 정도로 우리는 무엇이든지 빨리빨리 해내고 있다. 우리는 일을 빨리만 하는 것이 아니라 정확히 잘 처리할 줄도 안다. 그것을 잘 표현하는 단어가 '신속 정확'이다. 해외여행을 다니다 보면 깨닫게 되는 것 중의 하나가 우리만큼 일을 빠르고 정확하게 할 수 있는 나라가 별로 없다는 것이다. 디지털 시대가 가속화 될수록 우리의 빨리빨리 DNA는 진가를 발휘할 것이다.

▶ 뛰어난 제조 기술

딜로이트 글로벌(Deloitte Global)과 미국경쟁력위원회가 발표한 2016 국제 제조업 경쟁력 지수 조사 결과에 따르면 우리나라는 세계 5위의 경쟁력을 가지고 있다. 상대적으로 저렴한 인건비와 우수한 품질, 강력한 기술 혁신 역량, 높은 교육 수준, 그리고 첨단 기술의 혁신을 장려하는 정책 등도 우리의 강점이다.

▶ 강력한 정부 지원

우리나라처럼 중소기업, 스타트업 육성을 위해 정부가 적극적으로 노력하는 나라는 없다. 동남아, 동구권 나라에서는 이러한 강력한 정부지원정책을 자국 정부로부터 기대할 수 없다. 그래서 그들 국가에서 온 스타트업들은 자국 정부에게 기대할 수 없는 한국 정부의 전폭적인 지지에 놀라곤 한다. 그들 국가의 탁월한 혁신 기업들을 유치할 수 있다면 그들에 의해 새로운 비즈니스와 일자리가 만들어질 수 있을 것이다.

▶ 한국 문화

드라마, 음악, 뷰티, 패션, 음식 등 우리나라는 문화 강국이다. 이렇게 작은 나라가 전 세계에 한류라는 거대한 트렌드를 만들었다는 자체가 경이로운 일이다. 한류는 대한민국이 가지고 있는 문화적 잠재력이 얼마나 위대한 것인지 증명하고 있는 것이라 하겠다. 태양의 후예, 대장금, 싸이, 방탄 소년단, 한국 화장품, 동대문 패션, 김치, 불고기, 삼겹살, 비빔밥 등에 이르기까지 미국을 제외한 나라 중에 이처럼 다양한 분야에서 거대한 문화적 잠재력을 보여 준 나라가 우리 말고 또 있을까?

▶ 잠들지 않는 도시

우리는 근면 성실한 민족이다. 필요한 일이라면 밤을 새워서라도 열심히 일한다. 일만 열심히 하는 것만이 아니라 저녁 시간에는 자유로이 여가를 즐길 수 있는 24시간 잠들지 않는 도시가 바로 서울이다. 해외 출장을 나가 보면 가끔씩 놀라는 것 중의 하나가 외국은 저녁 시간이 되면 가게들이 일찍 문을 닫고 사람들도 잘 돌아다니지 않는다는 것이다. 반면 우리나라는 새벽 늦은 시간까지 활기찬 도시의 모습을 볼 수 있다. 낮과 밤 모두 깨어 있는 것이 우리나라가 가지고 있는 독특한 강점이다.

▶ 안전한 치안

미국, 유럽 등 선진국을 돌아다녀 봐도 우리나라만큼 안전한 나라는 그리 많지 않다. 통계 사이트 넘베어(Numbeo)가 발표한 2015년 세계에서 가장 안전한 나라 순위에서 우리나라가 1위를 차지한 것처럼 우리나라는 밤늦게 혼자 돌아다녀도

신변의 위협을 느끼지 않는다. 24시간 안전한 나라가 대한민국이다.

▸ **성숙한 시민의식**

전통적인 선비정신에 기반하여 한국인은 정직하고 정이 많은 민족이다. 시민
은 친절하고 거리는 깨끗하다. 잠시라도 한눈을 팔면 소매치기 당하는 다른 나라
들과는 차원이 다르다.

왜 한국인가에 대한 10가지 답을 정리한 우리는 설레는 마음 반, 두려운 마음
반으로 팸플릿을 만들어 할 수 있는 모든 방법을 동원하여 해외 스타트업을 대상
으로 홍보를 시작했다.

► 2016 K-Startup 그랜드 챌린지 홍보 포스터
* 자료: 정보통신산업진흥원

처음 시작하는 사업이라 해외에서 인지도도 전혀 없는 상태였다. 준비하는 직
원들 마음 한편에는 실패하면 어쩌나 하는 걱정도 있었지만 우려했던 것과 달리

신청 마감 일주일 여를 남긴 상황에서 우리는 흥분의 도가니에 빠졌다. 당초 최상의 목표치라 생각했던 300개는 이미 훌쩍 뛰어 넘었고 1,000개 팀도 넘는 것 아니냐는 기대에 찬 목소리도 나왔다. 최종 마감 결과는 그 이상이었다. 전 세계 124개국에서 2,439개 팀이 지원한 것이다. 정부가 추진한 단일 사업으로 제안서 1,000개를 돌파한 사업은 아마 이 사업이 최초였을 것이다. 준비팀 모두는 세계 각국에서 엄청난 지원자들이 프로그램에 신청한 것에 놀라움을 금치 못했다.

해외 프로모션 과정에서 이루어진 한국의 창업 생태계에 대한 홍보와 K-POP 등 한국 문화에 대한 세계인의 관심이 결합된 결과라고 평가하기도 했지만, 가장 중요한 요인은 앞서 열거한 10가지의 대한민국의 강점이 어필되었기 때문이라고 생각한다.

3년째 대회인 2018년에도 108개국에서 1,771개 팀이 지원하였다. 미국의 대표적 창업 오디션 프로그램인 매스 챌린지가 1,600개 팀, 프랑스의 La French Tech가 1,200개 팀인 것을 감안할 때 대한민국의 'K-Startup 그랜드 챌린지'가 세계 3대 스타트업 오디션 프로그램으로 당당히 자리를 잡은 것이다. 더구나 자국민의 참여를 허용한 미국, 프랑스 대회와 달리 K-Startup 그랜드 챌린지는 한국 기업이 아닌 해외 스타트업만을 대상으로 하니 규모와 글로벌 인지도 면에서 경쟁 프로그램의 추종을 불허한다.

세계 3대 스타트업 오디션 프로그램 비교

구분	(미) 매스 챌린지	(프) 프렌치 테크 티켓	(한)K-Startup 그랜드 챌린지
'18년 참가팀	1,600개 팀	1,200개 팀	1,771개 팀
페이스북 팔로워 수	24,442명	29,952명	161,146명

* 자료: Facebook 등(2019.2월 말 기준)

이 사업을 통해 얻은 중요한 사항은 세계에서 통할 수 있는 대한민국의 잠재력을 확인했다는 것에 있다. 대한민국을 아시아의 창업허브로 만들어 보자는 꿈을 가지고 시작한 도전은 세계의 혁신 창업가들을 통해 그 가능성을 인정을 받았다. 세계 최고 수준의 IT 인프라, 수많은 빅바이어들, 강력한 정부의 지원책 그리고 한류에 대한 호감은 대한민국이 가진 엄청난 잠재력이다. 이제 그것을 최대한 활용할 수 있는 전략적 고민이 필요한 시기다.

K-Startup 그랜드 챌린지 참가팀 현황(2016~2019)

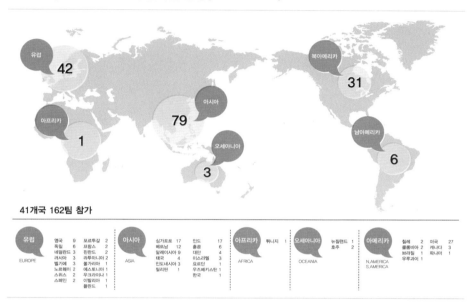

41개국 162팀 참가

유럽 EUROPE			아시아 ASIA			아프리카 AFRICA		오세아니아 OCEANIA		아메리카 N.AMERICA S.AMERICA			
영국	9	포르투갈 2	싱가포르	17	인도 17	튀니지	1	뉴질랜드	1	칠레	2	미국	27
독일	6	프랑스 2	베트남	12	홍콩 6			호주	2	콜롬비아	2	캐나다	3
네덜란드	3	핀란드 2	말레이시아	9	대만 4					브라질	1	파나마	1
러시아	3	라투마니아 2	태국	4	이스라엘 3					우루과이	1		
벨기에	3	불가리아 1	인도네시아	3	요르단 1								
노르웨이	2	에스토니아 1	필리핀	1	우즈베키스탄 1								
스위스	2	우크라이나 1			한국 1								
스페인	2	이탈리아 1											
		폴란드 1											

* 자료: 2018 K-Startup 그랜드 챌린지 연차보고서(정보통신산업진흥원)

2016 K-Startup 그랜드 챌린지 결선 대회 ◀

* 자료: 정보통신산업진흥원

► 2017 K-Startup 그랜드 챌린지 결선 대회

* 자료: 정보통신산업진흥원

► 2018 K-Startup 그랜드 챌린지 결선 대회

* 자료: 정보통신산업진흥원

스타트업 인바운드 효과

최초의 글로벌 스타트업 오디션 프로그램은 미국의 매스 챌린지(Mass Challenge)다. 2010년부터 미국 보스턴에서 개최되는데 미국 기업을 포함하여 전 세계에서 매년 1,000여 개 이상의 팀들이 참가한다. 버락 오바마가 '벤처 육성을 위한 최고의 프로그램'이라고 극찬할 정도로 매스 챌린지에는 전 세계의 이목이 집중되었다.

필자가 K-Startup 그랜드 챌린지를 개최한 첫 해인 2016년에 전 세계로부터 들어온 제안서를 리뷰하면서 깨달은 게 하나 있다. 미국이란 나라가 매스 챌린지와 같은 종류의 사업을 왜 추진하고 있는지 알게 된 것이다. 세계 각국 출신의 스타트업들이 작성한 제안서를 읽어가다 보니 전 세계의 혁신 창업가들이 어떤 구상을 하고 있고, 어떤 기술을 활용하여 어떤 신사업을 기획하고 있는지 트렌드를 한눈에 조망할 수 있었다. 가만히 앉아서 전 세계의 창업 트렌드를 파악할 수 있다는 것은 값으로 매길 수 없는 엄청난 가치이다.

이 프로그램은 다양한 측면에서 긍정적인 효과가 있다. 해외 아이디어가 국내로 유입될 수 있고, 국내에 들어온 해외 스타트업이 법인을 설립하면 한국인을 고용하게 되고, 비즈니스가 성공하면 세금을 납부하는 등의 직접적 효과가 있다. 또한 국내 창업 생태계의 다국적화, 국내 기업과의 파트너십 활동 등 간접적 효과도 발생한다.

K-Startup 그랜드챌린지 운영 성과

* 자료: 2018 K-Startup 그랜드 챌린지 연차보고서(정보통신산업진흥원)

이 사업을 처음 추진할 때만해도 '왜 외국인을 지원하는 사업을 하느냐'는 비판적 기사가 언론에 게재된 적이 있다. 아직도 일부에서는 외국인 지원 사업을 부정적으로 보는 사람들이 있다. 우리나라에서 법인을 설립하면 대표가 외국인이라도 우리나라 기업이다. 한국에 세금을 내고, 한국인을 채용하고 한국 법에 따라 회사를 운영하면 한국 기업이다.

업무상 우리 스타트업이 해외 시장으로 진출하는 것을 돕는 일을 하다 보니, 때로 우리 스타트업이 해외 투자자로부터 대규모 투자를 유치하는 경우가 생긴다. 주로 미국 시장을 대상으로 하는 경우가 많은데 대부분의 경우 미국 투자자들은 플립(Flip)을 요구한다. 플립이란 한국 스타트업이 미국에 법인을 설립한 후, 미국법인을 본사로 만들고 기존의 한국 법인을 지사로 만드는 일련의 절차다. 미국 투자자 입장에서 보면 멀리 떨어진 한국 기업에게 투자를 하는 것은 회사를 실질적으로 지배하기도 불명확하고 여러 가지로 리스크가 따르기 때문에, 미국에 법인을 설립하고 이를 본사로 전환시킬 것을 요구하는 것은 어찌 보면 당연한 일이다. 스타트업 입장에서 볼 때도 궁극적으로 미국 시장 진출을 목적으로 한다면 이를 받아들이게 된다. 투자자, 스타트업 입장에서 모두 별 문제 없는 사안이다.

하지만 국가 차원에서 보면 이야기가 달라진다. 한국 본사와 미국 지사가 뒤바뀌게 되면, 한국 본사는 지사가 되고 미국 지사가 본사가 된다. 이에 따라 특허 등의 한국 법인이 소유하고 있던 지적재산권이 미국 법인의 소유가 된다. 미국 법인이 성공하면 미국인을 채용하고 세금도 미국에 납부한다. 우리 정부가 스타트업을 지원하여 성공토록 했는데, 본사도 넘어가고, 지적재산권도 넘어가고, 인력 채용도, 세금 납부도 미국에게 득이 되는 결과만 가져온다. 우리 스타트업을 해외로 진출시키는 과정에서 발생하는 중요한 이슈다.

그 반대 상황도 있다. K-Startup 그랜드 챌린지처럼 해외 스타트업을 국내로 유치하는 모델이다. 앞선 상황과는 반대의 결과가 생긴다. 과연 이 두 가지 모델 중 어느 것이 우리나라에 더 유익한 것일까? 난 후자가 더 바람직한 모델이라고 생각한다. 그래야 국내에 일자리가 만들어지고, 세수가 확대되고, 내수가 증진되기 때문이다. 정부 지원금이 해외로 빠져나갈 일도 없다. 해외 스타트업을 국내로 유치하는 경제적, 사회적 효과에 대해 명확한 이해가 필요하다.

배달의 민족이 투자한 기업

베어 로보틱스는 실리콘밸리 출신 기업으로 2017년도 K-Startup 그랜드 챌린지 사업을 통해 국내에 들어왔다. 대표 제품은 자율주행 서빙 로봇으로, 국내에 들어와서 레스토랑에서 음식을 손님의 테이블까지 배달하는 '딜리'라는 로봇을 출시하였다. 배달의 민족 서비스로 유명한 '우아한 형제들'로부터 200만 달러의 투자를 받을 정도로 성장이 기대되는 스타트업이다. 필자는 '딜리'가 목동 피자헛에서 선을 보인다는 얘기를 듣고 가족들과 함께 딜리를 만나러 달려갔다.

딜리가 서비스를 하는 매장에는 사람들로 가득 차 있었다. 대기자 명단에 이름을 올리고 한참을 기다리다 드디어 자리가 났다. 주문을 하고 기다리는 동안 지켜본 딜리는 매장 안 이곳저곳을 서빙하느라 바빴다. 간혹 지나가는 사람에게 인사말도 건네고, 사람이 지나가면 잠시 기다리면서 제법 숙련되게 배달 일을 수행했다. 딜리가 바쁘다 보니 주방에서 가까운 테이블에는 매장 직원이 직접 음식을 날라 주는 경우가 있었는데, 어느 손님은 왜 우리 테이블은 딜리가 배달을 안 해주냐며 딜리가 가져다주는 음식을 먹고 싶다고 항변(?)하는 일도 있었다. 손님들은 어른 아이 할 것 없이 딜리를 흥미롭게 바라보았다. 사진을 찍기도 하고 유심히 관찰하기도 하는 등 매장 안은 새로운 인물의 출현에 적잖이 상기되어 있었다.

실리콘밸리에서 온 베어 로보틱스는 로봇과 인간이 공존하는 미래의 모습을 우리에게 미리 선을 보였다. 뿐만 아니라 모니터링하는 직원을 채용하고 레스토랑 매출도 증진시키는 등 일석삼조의 효과를 제공하였다.

로봇 딜리(Dilly)

- 고향: 실리콘밸리
- 키: 82.7㎝
- 주행 속도: 시속 4㎞
- 좌우명: 좌우를 잘 돌아보자.
- 특기
  ① 위치 추정 센서, 장애물 감지 센서를 활용하여 안전하게 서빙하기
  ② 22kg까지 들어올릴 수 있는 강한 힘
  ③ 하루 종일 일해도 지치지 않는 체력
- 현재 연봉: 1,800만 원
- 장래 희망: 사람을 도와 매장을 즐겁게 하는 1등 서빙 점원 되기
- 사용 언어: 한국어, 영어

▶ 서비스 시연 중인 배달로봇 딜리
* 자료: 베어 로보틱스

배달의 민족이 베어 로보틱스에 투자한 이유는 가까운 미래에 모든 배달을 자율주행 로봇으로 하겠다는 야심찬 비전을 가지고 있기 때문이다. 이러한 목표는 최근 구체적인 성과로 나타났는데, 2019년 4월 배달의 민족은 잠실의 대규모 아파트에서 실외 자율주행 배달로봇을 시범 운영하였다. 실내에서만 배달이 가능했던 딜리와 다르게 실외배송이 가능한 제품을 선보인 것이다. 해외 기술이 유입되어 국내 기술과 융합되고 진화·발전하여 해외로 수출되는 사례가 많이 나오길 희망해 본다.

인재 활용의 시대

In2Korea

'십년수목 백년수인(十年樹木 百年樹人)'이란 고사성어가 있다. 10년을 내다보며 나무를 심고, 100년을 내다보며 사람을 심는다는 뜻으로, 인재 양성의 중요성을 의미하는 말이다. 하지만 최근 우리나라의 극심한 저출산, 고령화 추이를 고려해 보면, 이 고사성어는 '십년수목 백년수인(十年樹木 百年受人)'으로 '심을 수(樹)'를 '받아들일 수(受)'로 바꾸어, '100년 앞을 내다보며 사람을 받아들인다'는 의미로 쓰여져야 할 것 같다.

현대 경영학의 아버지라 불리는 피터 드러커(Peter F. Drucker)는 그의 저서 『위대한 혁신(Peter F. Drucker on Innovation)』에서 "인구의 변화를 읽어라"라고 말하였다. 그는 앞으로 다가올 지식사회에서 지식 근로자, 즉 '인재'가 기업과 국가의 경쟁력의 원천이 될 것이라 예견하였으며 '미래 경쟁력의 성공 비결이 외부 인재의 확보'에 있다고 강조하였다.

그의 예견을 뒷받침 하듯이 오늘날 세계 각국은 인구와 인재를 차지하기 위해 치열한 전쟁을 벌이고 있다. EBS는 2017년 3월 '글로벌 인재전쟁'이란 주제의 5부작 다큐멘터리를 상영하였는데, 그 내용은 미국과 중국이 글로벌 인재를 차지하기 위해 마치 제3차 세계대전을 방불케 할 정도로 인재 각축전을 벌이고 있다는 것이다. 그들이 인재전쟁을 치루는 이유는 인재가 부족하면 자국의 미래 또한 없다고 판단했기 때문이다.

우리에게도 인구절벽에 대한 불안감, 인재 부족에 대한 우려는 어제 오늘의 이야기가 아니다. 지금까지 이 문제를 해결하기 위해 다양한 저출산 대책 및 인재 양성 정책들이 만들어졌지만 아직 문제 해결의 기미가 보이지 않는다. 새로운 패러다임으로 문제를 바라봐야 하는 이유가 여기에 있다.

08
글로벌 인재전쟁

2017년 3월 EBS에서 '글로벌 인재전쟁'이란 주제로 5부작 다큐멘터리가 상영된 바 있다. 이 다큐멘터리를 보면 미국과 중국이 글로벌 인재를 차지하기 위해 마치 제3차 세계대전처럼 인재 쟁탈 전쟁을 하고 있음을 알 수 있다. 다른 나라들 역시도 세계의 우수 인재를 확보하여 자국의 산업 경쟁력을 증진시키기 위해 치열히 경쟁을 하고 있다. 인재가 부족하면 자국의 미래도 없기 때문이다. 미래를 얻기 위해, 세상의 중심이 되기 위해, 인재를 차지하기 위한 소리 없는 총성이 세계 각국에 가득하다.

조조의 인재술

재능이 있는 인재라면 누구든 데려다 썼던 조조의 개방적 인재술은 고금을 통해 인정을 받았다. 조조는 출신 성분을 따지지 않고 재능과 능력만을 고려하여 인재를 발탁했는데 대표적인 것이 '구현령'이다. 구현령은 적벽대전에서 패한 조조가 천하의 인재를 모집하기 위한 칙령으로서 출신이나 신분을 따지지 않고 재능 있는 사람이면 누구든지 인재로 등용하겠다는 조조의 인재 공개 모집 정책이다. 당시에 관리 등용을 문벌 사족이 지배했다는 점을 고려하면 기존의 관습을 깨트리는 획기적인 정책이었다. 어떠한 분야를 막론하고 한 가지 분야에 뛰어나기만 하면 그 사람의 신분이 아무리 천하다 해도 조조는 크게 인정해 주었다. 그 결과 조조의 수하에는 문인과 참모, 장군 등 인재들이 말 그대로 구름처럼 모여들었다. 한 가지 예로 조조의 아내 변씨는 당시 최하위 신분인 기녀 출신이었다. 그럼에도 조조는 변씨의 능력을 알아보고 아내로 맞이하였으며 변씨는 후에 무선황후로 책

봉을 받기까지 하였다. 조조가 삼국시대 중원의 패자로 우뚝 설 수 있었던 것은 자신을 도와 천하를 재패할 인재들을 찾는 데 주력하였고 이렇게 발굴된 인재들 이 자신의 역량을 펼칠 수 있도록 환경을 제공해 주는 등 인재 운용 능력이 뛰어 났기 때문이다.

손권, 유비, 조조가 경합을 하던 삼국시대에 각국의 흥망성쇠는 인재의 각축전 에서 누가 승리하느냐에 달려 있었듯이, 지금의 글로벌 인재전쟁 시대에도 각국 의 흥망성쇠는 어느 나라가 좋은 인재를 더 많이 차지하느냐에 달려 있다. 예나 지금이나 인재의 중요성은 시대가 바뀌어도 불변의 진리다.

미국의 비밀 무기

평행이론의 창시자이며 이론 물리학자인 미치오 카쿠 박사는 H-1B(미국의 전 문직 취업비자)가 없었다면 구글도 실리콘밸리도 없었을 것이라며 미국의 비밀 무 기는 H-1B 비자라고 주장한 바 있다. 실례로 미국 박사학위 지원자 중 50%가 외국인이라는 것이다. 이처럼 미국은 천재비자라고 일컬어지는 H-1B 비자로 전 세계의 수재들을 빨아들여 과학을 통해 부의 원동력을 만들고 있다. 미국은 전문 직 취업비자를 매년 8만 5,000건 발급하여 해외 고급인력을 자국에 유치하고 있 다. 이 비자를 획득하는 것도 경쟁이 심하여 H-1B 비자를 신청한 사람이 2018 년에만 19만 9,000명에 달했다.

미국 IT분야 싱크 탱크인 정보기술혁신재단(ITI)이 2015년에 미국의 과학기술 혁신 관련 수상자, 국제특허보유자, 선도기술 기업 혁신가 등 926명을 대상으로 조사한 결과, 미국 혁신가의 62.5%가 외국 태생이거나 이민자의 자녀인 것으로 나타났다. 미국은 다양한 혁신 인재 유인정책을 통해 해외 인재를 지속적으로 받 아들였으며, 그 결과 미국의 혁신을 이끌고 있는 인재의 절반 이상이 이민자이거 나 또는 이민자의 자녀이다.

「월스트리트 저널」도 2016년 '미국의 혁신은 이민자들 덕분'이라는 제목의 기 사를 낸 적이 있다. 미국 전체의 이민자 비율은 13.5% 수준이지만 특허 등록자 중 이민자 비율은 33%에 달한다. 이러한 이유로 미국의 기술 산업계는 '미국은 출생국을 따지지 않는다'라는 말이 회자될 정도로 외국인 인재를 혁신의 주요 동력으로 인식하고 있다.

버락 오바마는 2014년 11월 "미국은 이민자의 나라이며 우리도 한때 이민자였다"라고 말한 바 있다. 페이스북의 창업자 마크 저커버그는 "나의 조상은 엘리스 섬을 통해 유럽에서 미국에 왔다. 미국의 호의적인 이민정책이 없었으면 우리 가족도 없었을 것이다"라고 언급하였다. 구글, 인텔, 야후, 이베이 등 굴지의 글로벌 기업들은 다양한 나라 출신의 이민자들에 의해 설립되었고 이들이 미국 경제를 이끌어 가고 있다는 것은 이미 잘 알려진 사실이다. 미국이 오늘날까지 세계 경제와 혁신산업을 선도할 수 있었던 비밀 무기는 뛰어난 해외 인재와 이민자를 적극적으로 유치하고 활용한 것이다.

이민자들이 세운 미국의 혁신 기업

기업명	기업가	출신	비고
구글	세르게이 브린	러시아 출신 이민자	공동창업
페이스북	왈도 세브린	브라질 출신 이민자	공동창업
애플	스티브 잡스	시리아 이민자 2세대	창업
아마존	제프 베저스	쿠바 이민자 2세대	CEO
테슬라	엘런 머스크	남아프리카 공화국 태생	공동창업
인스타그램	마이크 크리거	브라질 출신	공동창업
이베이	피에르 오미디야르	프랑스 출신 이민자	창업
뉴스 코퍼레이션	루퍼트 머독	호주 출신 이민자	창업
왓츠앱	잔 코움	우크라이나 출신	공동창업

실리콘밸리가 성공할 수 있었던 요인은 전 세계의 우수한 인력을 과거 수십 년간 독점했기 때문이다. 구글, 아마존, 페이스북, MS 등 글로벌 기업들은 인종, 국적에 제한 없이 뛰어난 글로벌 인재를 활용할 수 있었기에 초대형 글로벌 기업으로 성장할 수 있었다. 이들 기업이 채용한 인재들의 대부분은 미국이 키운 인재가 아니다. 전 세계에서 양성된 인재들을 미국 기업들이 끌어들여 활용하고 있는 것이다. 미국 정부가 H-1B 비자를 유용하게 활용하고 있는 것도 다양한 이민자들에 의해 미국의 첨단산업이 발전해 왔다는 것을 잘 알고 있기 때문이다.

혁신의 힘은 싱크 탱크에서 나온다. 미국은 가장 많은 싱크 탱크를 보유한 나라이자 세계에서 이민자가 가장 많은 나라다. 2015년 기준으로 미국에는 4,320만 명의 이민자가 있다. 전 세계 이민자의 5분의 1이 미국에 있는 셈이다. 미국은 이민법을 개정하여 이공계 석·박사에게 우선적으로 영주권을 제공하는 등 미국 경제 활성화를 위해 우수 인재에 대한 영주권 취득 문턱을 낮췄다. 최근에 이루어진 미국의 이민법 개혁으로 세계 각국으로부터 연간 30만 명 규모의 최고급 두뇌들이 미국으로 유입될 것으로 예상되고 있다. 이들 두뇌들이 일당백의 인재라 가정했을 때 미국은 매년 3,000만 명의 인력을 확보하고 있는 셈이다.

스탠퍼드대 연구팀 조사에 따르면, 뉴욕·텔아비브·런던 등 혁신적 창업이 활발한 도시는 외부 유입 인구가 많다는 공통점을 갖고 있다. 혁신이 활성화되려면 전혀 다른 사람들과 아이디어를 교환해야 하는데, 이민자가 많은 곳에서 이런 교류가 일어날 확률이 높아진다는 것이다. 미국이 세계 최강국가의 지위를 유지하고 있는 노하우 중의 하나가 인재의 블랙홀이기 때문이다. 우리나라가 우수 인재에 대한 이민정책을 새로운 시각에서 고려해야 할 필요가 여기에 있다.

아담 블루스타인(Adam Bluestein)이 2015년 기고한 'The Most Entrepreneurial Group in America wasn't born in America'에는 미국 경제에 있어서 이민자들의 역할이 얼마나 크고 중요한지 잘 기술되어 있다. 주요 내용은 다음과 같다. '이민자는 미국 전체 인구의 13%에 불과하지만 미국 내 새로운 비즈니스의 25% 이상을 만들어 내고 있으며, 1995년부터 2005년까지 실리콘밸리에서 새롭게 만들어진 회사들의 52%는 이민자들에 의해 만들어졌다. 미국에서 가장 빨리 성장하는 Inc. 500 기업 CEO들의 21%가 이민자 출신이다. 이민자들이 만든 기업은 다른 기업보다 60% 이상 더 수출하고 있으며, 미국 경제 성장의 핵심 요소다.'

> 만약 훌륭한 프로그래머를 만드는 능력이 세계에 분포돼 있다면, 95%는 미국 밖에서 태어난다. - 폴 그레이엄- (벤처 인큐베이팅 회사 Y콤 비네이터 공동창업자)

아담 블루스타인(Adam Bluestein)의 기고문 ◄
'The Most Entrepreneurial Group in America wasn't born in America'

인재 강국으로 변하는 중국

2016년 중국의 대학 졸업생은 700만 명, 이공계 석·박사 수는 56만 명으로 각각 우리나라의 10배, 6배에 달한다. 이렇게 엄청난 인력을 보유하고 있지만 해외 인재 영입에 가장 적극적인 나라 중의 하나가 중국이다. 시진핑 주석은 "천하의 인재를 데려오라"며 인재전쟁을 진두지휘하고 있다.

한국과 중국 대학생 수 비교   (단위: 명)

구분	중국	한국	비고
전체 대학생 수	36,990,000	3,378,393	우리나라의 11배
대학 졸업생 수	7,000,000	685,089	우리나라의 10배
석박사 졸업생 수	563,900	95,342	우리나라의 6배

* 자료: 중국 교육부, 한국 교육통계서비스(2016)

　　인력 수요 측면에서도 변화가 일고 있다. 과거 제조업을 중심으로 성장하던 시기에는 값싼 노동력이 주된 관심사였지만 첨단산업을 중시하면서 수요가 고급 인재로 이동하고 있다. 이를 대표하는 정부 정책이 백인계획(1994), 천인계획(2008), 만인계획(2012)이다. 해외고급 인재를 유치하기 위한 전략인 '천인계획'은 우리에게 시사하는 바가 크다. 2008년 발표된 천인계획은 향후 5~10년간 막대한 예산을 투자하여 세계적 수준의 인재 1,000여 명을 유치함으로써 중국의 경제성장 및 산업고도화를 이루겠다는 국가 차원의 해외인재 유치사업이다. 선발된 인재에게는 보너스 명목으로 최대 15만 달러(약 1억 7,000만 원)까지 지급한다. 그 결과 2009년부터 2018년까지 10년 동안 2,492명의 해외인재를 유치하는 데 성공하였다. 천인계획은 참여 기관, 지원 규모 면에서 기존의 해외인재 유치정책과 크게 다르다. 유치 대상은 크게 6개 분야로 나누어지며 각 분야별로 각기 다른 부처가 담당하고 있는 범부처 사업이다.

천하의 인재를 영입하기 위한 천인계획

* 자료: 중국의 천인계획 연구(대외경제정책연구원, 2013) 재가공

　　중국 외국전문가국은 2018년 1월, 외국인 고급인재 유치를 위해 '외국인 인재 비자제도 실행방법'을 발표하고 '해외 고급인재 증명서'를 발급하기 시작했다. 해외 고급인재 증명서는 신청한 후 5영업일 이내에 확인할 수 있으며 증명서를 취득한 외국인은 5년 또는 10년 장기 복수 비자를 24시간 이내에 발급받을 수 있다.

비용은 무료이고 동반 가족에게도 동일 혜택이 부여된다. 중국 정부가 해외 고급 인재 유치를 위해 적극 노력하고 있음을 확인할 수 있는 대목이다.

중국 과기부는 2018년 2월, 북경에 위치한 첨단 기술 개발구인 중관촌에 해외 인재가 지속적으로 유입될 수 있도록 '인재 20조 정책'을 발표하였는데, 특기할 만한 내용들이 많이 있다. 중관촌 내 신규 연구기관의 기관장에 외국인을 임명할 수 있도록 하고, 외국인 고급인력이 베이징 시 과기 프로젝트를 주도하도록 허용함으로써 해외 연구 인력에 대한 권한을 강화하였다. 또한 해외인재 유치 중점기관 목록을 제정하여 해당 기관들이 외국인을 보다 적극 유치할 수 있도록 제도화하였다. 그 외에도 국제 인재협력기구 창설, 국제 인재대회 개최, 미국, 독일, 캐나다, 호주 등 해외 10개국 대표처 개설 등 해외인재 확보를 위한 국내외 플랫폼을 마련하는 내용이 포함되어 있다.

글로벌 인재 확보를 위한 노력은 중앙정부뿐만 아니라 중국 전역의 대도시에서도 경쟁적으로 일어나고 있다. 각 지방정부 역시 비자제도 확대, 장려금 지급, 내국인 동등 대우 등 다양한 인센티브를 제공하고 있다.

중국 대도시의 외국인 유치 정책

도시명	유치 정책
베이징	• 성과를 창출한 해외인재에게 50~100만 위안(8,500만 원~1억 7,000만 원) 장려금 지급 • 해외 과학기술 엘리트에게 인재 비자, 취업 허가, 영주권 편의 제공
상하이	• 외국계 고급 인재가 기업 설립 시 내국인과 동등 대우 • 사회보험, 세금, 출입국 서비스를 제공하는 원 스톱 서비스 센터 설치 • 동방학자계획: 매년 50명 해외인재 유치. 선정된 학자에게 시정부에서 연구비 30~100만 위안(5,000만 원~1억 7,000만 원) 지급
난징	• 외국인재 영주권 규제 완화
항저우	• 외국인재에 대한 7가지 출입국 편의 정책 제공 • 창업보조금 최대 1억 위안(한화 약 170억 원) • 외국인 유학생 졸업 후 취업 시 석사 2만 위안(340만 원), 박사 3만(500만 원) 보조금 지급

* 자료: 한국무역신문 등

► 해외인재를 빨아들이는 중국

* 자료: chinacorea.com

　　중국 기업들이 짧은 기간에 글로벌 기업과의 기술 격차를 줄인 요인 중의 하나
는 '인재 청소기 전략'이다. 중국 기업들은 '기존 연봉의 3~5배를 제공하고 이를
최대 3년간 보장한다'는 파격적인 조건을 제시하며 글로벌 기업에서 일하고 있는
일류 기술자들을 청소기처럼 빨아들였다.

중국의 인재 빼가기
• 외국인재 파격 지원, '고급 두뇌' 빨아들이는 中(서울경제, 2018.8.10.)
　- 외국인 취업 개방, 장기 비자 혜택
　- 고급인력 73개 국에서 90만 명 유치
　- 韓은 中자본에 속수무책 빼앗겨
• 연봉 3배 줄게, 악마의 유혹, 4차 산업혁명 인재도 中으로(매경, 2018.6.26.)

삼성전자, LG전자, 온라인 게임회사 등에 근무하던 고급 인재들이 중국의 싹쓸이 전략의 대상이다. 자체 역량만으로는 짧은 기간에 기술 격차를 극복하기 어렵다고 판단한 중국 기업들이 이러한 전략을 선택한 것은 얄밉지만 그들의 입장에서 보면 매우 효과적인 전략이다. 한때 세계를 호령하던 우리나라의 온라인 게임 기술이 삽시간에 중국 기업으로 흘러들어 갔던 것도 이런 식의 인재 탈취 전략 때문이다. 반도체, 디스플레이, 조선, 중공업, 화장품 등 우리의 핵심 기술 분야에서도 마찬가지다.

중국 기업들은 인재를 영입함으로써 그 사람 개인이 가지고 있는 지식뿐만 아니라 그가 몸담고 있던 조직의 시스템, 그리고 그 안에 축적되어 왔던 성공과 실패의 경험, 노하우까지도 동시에 확보할 수 있게 되었다. 부족한 기술과 인재를 돈으로 싹쓸이 한 중국은 이들 각 산업 분야에서 짧은 시간에 놀랄 만한 기술 추격을 가능하게 했다.

전 산업에서 인재를 빼가는 중국

- (IT) 中 '연봉 9배 5년 보장', 한국 IT 특급인력 빼간다(문화일보, 2016.3.21.)
- (반도체) 中 인력탈취 타깃은 삼성, 2~3년 후면 반도체도 따라잡는다(매경, 2018.6.26.)
- (배터리) 中 '배터리굴기' 한국 인력 빼가기 확산 조짐(이투데이, 2017.11.19.)
- (OLED) 올레드 기술 중국유출 비상, 삼성 이어 LG 직원도 덜미(연합뉴스, 2018.9.16.)
- (자동차) 중국 자동차업체들의 한국기술자 빼가기 점입가경(월간중앙, 2014.3.17.)
- (항공) 베테랑 항공기 조종사 '中러시', 올해만 150명 이직 예상(뉴스원, 2017.12.24.)
- (실감미디어) VR-AR 인력 중국으로 다 빠져 나간다(헤럴드경제, 2018.4.16.)
- (화장품) 한류 꿀꺽, 중국 업계 한국 화장품 인력 빼가기 기승(뉴스핌, 2017.12.06.)

일본의 변화

줄곧 반이민 정서가 강했던 일본이 변하고 있다. 일본 정부는 생산가능인구가 급격히 감소함에 따라 경제성장을 뒷받침할 수 있는 노동력을 확보하기 위해 외국 인재 활용정책을 지속적으로 강화하고 있다. 2012년 아베 2차 내각 출범 이후 매년 일본재흥전략을 수정 발표하여 전문성을 갖춘 고급 해외 인재를 확보하기 위한 정책을 추진해 왔다. 2012년의 '전문인력 포인트제', 2015년의 '외국인재 활약 프

로그램' 등이 그 예이다. 2017년 발표된 '미래투자전략'에서는 외국인의 생활 및
취업 환경을 개선하는 종합적인 대응방침이 포함된 점이 주목되었다. 동 전략에서
는 일본에서 생활하는 외국인들이 교육, 의료, 주거 등 다양한 사회서비스를 영어
로 제공받을 수 있는 생활 환경을 구축하는 데 중점을 두는 내용도 포함되었다.

　2018년 12월에는 출입국관리법을 개정하여 새로운 체류자격을 신설하는 등
향후 5년간 최대 34.5만 명의 외국인 노동자를 받아들일 계획이다. 2019년에 들
어서는 외국인 인력을 수용하기 위해 전담 부처인 입국재류관리청을 신설하는 등
일자리에 대한 문호를 더욱 개방해 나가고 있다. 출입국 관리 인원도 크게 늘리고
외국인을 위한 새로운 체류자격도 만들었다. 그 결과 2018년 일본의 외국인 노동
자는 146만 명으로 2011년 69만 명에 비해 2배 이상 증가하였다. 향후에도 일본
의 해외인재 및 노동자에 유치 확대정책은 지속되리라 예상된다. 생산가능인구가
계속 감소하고 있고, 일본 기업들이 구인난을 우려할 정도로 완전고용에 가까운
취업률을 보이고 있기 때문이다.

일본의 외국인 노동자 수 추이

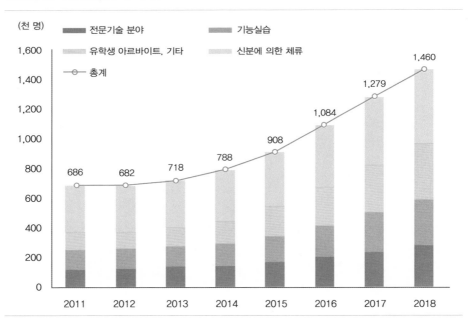

* 자료: 일본후생노동성

인재를 끌어들이는 유럽

보수적 이민정책을 고수하던 독일도 2012년에 비EU국 출신 인재들을 대상으로 블루카드 제도를 도입하여, 2018년에만 2만 7,000명의 외국 전문인력을 유치하는 데 성공하였다. 블루카드 제도는 독일 외 비유럽 국가들의 전문인력 확보를 위해 만들어진 제도로서 독일에 부족한 IT·기술·의학 관련 종사자에 대해서는 비자 발급 요건을 완화해 주고, 자녀가 있는 가족의 경우 자녀 양육 보조금도 지원해 준다. 이러한 영향으로 베를린은 창업의 메카로 떠오르고 있다. 베를린에서 창업하는 창업가의 43%가 외국인이란 사실이 놀랍다. 독일인이 아니더라도 정부의 체계적인 지원을 받아 창업이 가능하고 이렇게 창업한 스타트업들이 다시 투자를 유치하고 새로운 일자리를 만들고 있다. 역동적이고 다양한 문화가 베를린을 유럽의 창업 허브로 만들어 가고 있는 것이다. 외국인 창업자에게 차별적인 대우를 하고 창업비자 발급도 까다로운 우리나라와 크게 다르다는 점을 숙고해 보아야 한다.

> 창업의 메카 베를린
> - (규모) 2017년 기준, 약 2,400개의 스타트업이 활동
> - (구성) 창업자 중 절반에 가까운 43%가 비독일인
> - (3박자 지원) 정부의 체계적 지원, 대기업의 적극적 투자, 미래산업 규제 완화
> - (성과) 4년간 1,300개 스타트업 탄생, 투자유치 30억 유로(4조 원), 연간 4~5만 명 인구 증가, 실업률 급감('05년 11.2% → '18년 3.4%)

최근 인바운드 정책을 강력하게 추진하고 있는 대표적인 나라가 프랑스다. 프랑스는 해외 유망 창업가의 유입을 촉진시키기 위해 French Tech Ticket(창업비자), 창업자금(2만 5,000유로), 사무공간, 무료 컨설팅 등을 제공한다. 영국도 전 세계의 디지털 전문가 유치를 위해 Tech Nation VISA를 제공하고 있으며, 통신 인프라, 사무공간 등 우수 기업 유치를 위한 안착 패키지를 제공하고 있다. 이들 국가의 정책이 우리에게 주는 시사점은 우리나라도 보다 적극적으로 해외 인재를 유치·활용할 수 있는 정책을 마련해야 한다는 것이다.

비 독일인에 의해 설립된 스타트업 비율(%)

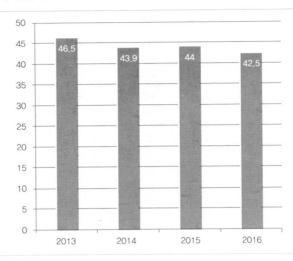

* 자료: Start-ups and entrepreneurial spirit in Germany(독일 경제에너지 연방부, 2017)

주요국의 인재 유치 전략

국가	인재 유치 전략
영국	전 세계 디지털 전문가 유치를 위해 'Tech Nation VISA' 제공 Fast-Track 비자, 사무공간 등 우수기업 유치 인센티브 제공 TechCity 내 스타트업당 동시에 5명까지 해외인재 활용 가능
프랑스	외국인 창업자 대상, 연 2만 5,000유로 보조금, 비자취득, 사무공간 제공
싱가포르	인재유치 전담기관 '콘택트 싱가포르(Contact Singapore)' 운영
캐나다	다문화 정책, '다양성은 우리의 힘(Diversity, Our Strength)' 2019년~2021년까지 3년간 100만 명 이민자 유치 정책 실시

새로운 인재 정책이 필요하다

인구 정책의 현실

그간 우리는 부족한 것을 우리 스스로 해결하려는 노력을 해왔다. 저출산 문제 해소를 위해 2006년 대통령이 위원장을 맡는 저출산고령사회위원회가 출범하였으나, 출산율은 지속 하락하고 있으며 심지어 '백약이 무효'라는 평가까지 나오고 있다. 연도별 출생아 수는 1970년 100만 명에서 2018년 약 33만 명으로 감소되었다. 2018년 출산율은 0.98명으로 역대 최저이자 OECD 회원국 중 최하위로 떨어졌다.

출산율 이외에도 우리나라는 34개 OECD 회원국 중에서 가장 빨리 고령화가 진행되는 나라다. 일본을 제치고 세계에서 가장 빨리 늙어가는 나라이고 속도는 OECD 국가 평균치의 4배 이상이다. 한국은행 통계자료에 따른 우리나라의 고령사회, 초고령사회 진입 소요연수는 충격적이다. 초고령사회 진입에 소요된 기간이 프랑스가 40년, 독일이 36년, 미국이 16년 걸린 것에 비해서 우리나라는 단지 8년 만에 진입을 하였다. 우려되는 것은 35년 후인 2050년이 되면 전체인구 중 65세 이상의 고령인구가 37.3%에 달할 것이란 사실이다.

고령화 속도가 빠른 만큼 그에 따른 충격 역시 우리사회에 상당히 큰 영향을 미칠 것이다. 생산가능인구의 감소, 부양인구의 증가, 연금·의료부담 가중, 내수시장 위축, 경제성장 하락 등으로 국가세입이 감소되고 기업 성장이 정체되는 등 악순환이 계속될 것으로 예측되고 있다.

전 골드만삭스 자산운용회장이었던 짐 오닐은 "한국은 노동력이 증가되지 않으면 GDP를 더 이상 성장시키기 어렵다"고 언급한 적이 있다. 산업시대에는 핵심자원이 오일이었지만 지식경제 시대의 핵심자원은 사람이다. 산업시대에는 오일에서 동력이 나왔지만 지식경제 시대에는 사람의 머릿속에서 동력이 나오기 때문이다.

　아이러니하게도 1980년대에 만들어진 가족계획 포스터와 가족계획 표어를 보면 '하나씩만 낳아도 삼천리는 초만원'이라며 인구폭발을 걱정하던 우리나라가 불과 30년 만에 인구절벽을 우려하게 되었음을 알 수 있다. 인구문제에 대해선 격세지감이 따로 없다.

▶ 격세지감의 1980년대 가족계획 포스터

가족계획 표어 변천사
1960년대: 덮어 놓고 낳다 보면 거지꼴을 못 면한다.
　　　　　많이 낳아 고생 말고 적게 낳아 잘 키우자
1970년대: 딸 아들 구별 말고 둘만 낳아 잘 기르자
　　　　　내 힘으로 피임하여 자랑스런 부모 되자
1980년대: 하나씩만 낳아도 삼천리는 초만원
　　　　　잘 키운 딸 하나 열 아들 안 부럽다
　　　　　둘 낳기는 이제 옛말 일등국민 하나 낳기
1990년대: 사랑으로 낳은 자식 아들·딸로 판단 말자
　　　　　아들바람 부모세대 짝꿍 없는 우리 세대
2000년대: 아빠! 혼자는 싫어요, 엄마! 저도 동생을
　　　　　갖고 싶어요(2004)
　　　　　아이가 희망입니다(2006~2008)
　　　　　자녀에게 물려줄 최고의 자산은 형제입
　　　　　니다(2008~2010)
2010년대: 자녀는 평생 선물, 자녀끼리 평생 친구(2014)
　　　　　더 낳은 우리 아이, 더 나은 우리 미래(2016)

　우리나라는 고급 인재가 매우 부족한 나라다. 게다가 매년 고급 인재들이 해외로 유출되고 있어 두뇌유출 및 연구인력 공동화에 대한 경고가 잇따르고 있다. 한국의 두뇌유출지수는 심각한 수준으로 기업과 국가경쟁력의 약화를 초래하고 있다. 혁신을 주도할 고급 인재의 유출이 계속되는 한 대한민국에 있는 기업의 경쟁력도 약화될 수밖에 없다. 기업 경쟁력의 저하는 성장 정체, 고용 악화, 실업률 증가, 경제 불안 등의 연쇄효과로 이어지게 된다.

한국의 두뇌유출지수

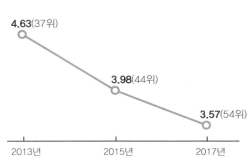

4.63(37위)

3.98(44위)

3.57(54위)

2013년 　　　　2015년 　　　　2017년

* 0에 가까울수록 두뇌 유출로 인한 국가경쟁력 손실 상승,
  비즈니스 환경에 대해 해외인력이 느끼는 매력도 하락
* 자료: 국제경영개발대학원(IMD), 한국무역협회 통계집

2017년 주요국 고급두뇌유출지수

국가	지수	순위
노르웨이	8.36	1위
미국	6.64	6위
홍콩	6.52	7위
싱가포르	6.36	10위
일본	4.85	30위
중국	4.20	41위
한국	3.57	54위

　　미국 국립과학재단의 연구조사를 분석한 결과 2007~2013년까지 총 1만 80명
의 한국인이 미국에서 박사학위를 받은 후 63%가 미국 잔류를 희망했다고 한다.
이는 일본인의 48%, 싱가포르의 44%, 태국의 28%에 비해 훨씬 높은 수치다. 고
급 인력의 유출 현상에 대한 대응책 마련이 시급하다.

　　두뇌 유출뿐만 아니라 인구 자체가 줄어들고 있다는 것도 심각한 문제다. 저출
산으로 전체 인구가 매년 급감하고 있는데 그간 고려하지 않은 요소 중의 하나가
국적상실에 따른 인구감소다. 이를 계량적 수치로 표현하기 위해 인구 수지라는
개념을 만들어 보았다. 인구 수지라는 단어는 아직 국어사전에 없는 말인데 국적
상실로 인한 인구감소 현상을 표현하기 위해 필자가 고안한 용어다. 무역 수지와
마찬가지로 인구가 국내로 들어오고 나가는 것을 고려하여 아래와 같이 인구 수
지 추이표를 만들었다.

우리나라 인구 수지 추이

구분	2012	2013	2014	2015	2016	2017	2018.10	합계
국적취득(A)	12,528	13,956	14,200	13,534	12,411	12,861	11,997	91,487
국적상실(B)	18,465	20,090	19,472	17,529	36,404	21,269	30,284	163,513
A-B	(5,937)	(6,134)	(5,272)	(3,995)	(23,993)	(8,411)	(18,287)	(72,029)

* 자료: 출입국ㆍ외국인정책 통계연보(2018.10) 재가공(국적취득 = 귀화 + 국적회복, 국적상실에 국적이탈 포함)

앞 표에 나타나듯이 지난 7년 간 약 9만 명의 외국인이 한국 국적을 취득한 것에 반해 약 16만 명의 내국인이 국적을 상실함으로써 7만 명의 인구가 순감소했다. 매년 1만 명가량의 인구가 국외로 빠져나가는 인구 수지 적자를 기록한 것이다. 이러한 추세가 앞으로도 계속된다면 매 7년마다 전남 해남군(인구: 72,238명)에 사는 인구가 사라지는 셈이다. 저출산 문제와 별개로 국적상실로 인해 7년 마다 군 단위 인구가 사라지고 있다는 것에 경각심을 가져야 한다.

되풀이 되는 인재 양성 정책

실리콘밸리는 인재를 키우지 않았다. 실리콘밸리에 있는 인재들의 절반은 해외에서 온 사람들이다. 세계 각국에서 양성된 우수한 인력을 실리콘밸리가 유인한 것이다. 그래서 실리콘 밸리는 낯선자들의 도시라는 말도 있다. 그런데 우리나라는 필요한 인재를 우리 손으로 양성해야만 하는 것으로 인식하고 있는 듯하다. 네이버에서 검색해 보면 매일매일 인재 양성 관련한 기사가 얼마나 많이 나오는지 알 수 있다.

'인재 양성'은 마치 우리가 지속적으로 겪고 있는 인재 부족 현상을 극복할 수 있는 유일한 방법인 것처럼 인식되고 있다. 환자가 때를 놓치고 병이 악화되면 백약이 무효한 상태가 된다. 만병통치약처럼 제시되는 '인재 양성'이란 처방이 돌이킬 수 없는 상황에까지 이르게 하지 않을까 두렵다. 짧게는 수년, 길게는 수십 년이 걸리는 인재 양성 처방은 오랜 시간이 지나야 효과를 볼 수 있다.

문제는 오늘날의 산업은 시시각각 급격히 변화하고 있다는 것이다. 오늘 당장 인재가 필요하고 1~2년 내에 승부를 보아야 할 첨단 산업 분야는 장기간이 소요되는 인재 양성 방식으로 즉각적 대응이 되지 않는다. '인재가 없으니 인재를 길러야 한다?' 과연 그때까지 우리 산업이 경쟁력을 가질 수 있을까?

'인재가 부족하니 인재를 양성하자.' 이것이 그간 인력 부족 문제를 해결하기 위해 취해 온 방법이었다. 부족하니 양성해야 한다는 것은 지극히 당연한 해법이지만 하나만 알고 둘은 생각지 못한 정책이다. 예를 들면 최근 3년간 서울대 컴퓨터공학과 석·박사 배출 인원의 약 20%가 해외로 유출되고 있는 것으로 알려졌다. 서울대와 카이스트를 졸업하는 이공계 최상위 인재들은 구글, 아마존, 애플, 페이스북과 같은 글로벌 기업으로 취직한다고 한다. 국가가 많은 돈을 쏟아부어 열심히 양성한 최고급 인재가 우리 기업의 경쟁 상대인 미국 기업으로 취업하고 있다. 이들이 취업한 미국 기업에서 열심히 일을 하면 할수록 우리 기업들은 위협을 받게 된다.

KAIST *** 교수 연구실 석·박사 학위생의 진로

미국 실리콘밸리 행 23명	한국 대기업 및 연구기관 21명
애플 8명, 인텔 4명 램버스(반도체 실계) 2명 브로드컴(통신용 반도체) 2명 샌디스크(메모리 반도체) 2명, 퀄컴 1명 엔비디아(그래픽 반도체) 1명 시놉시스(반도체 설계) 1명 케이던스(반도체 설계) 1명 래티스(시스템 반도체) 1명	삼성전자, SK하이닉스, LG전자, 국방과학연구소 등 ※2007 ~ 2017년 졸업생 44명 추적

* 자료: chosunbiz(2018.8.7.)

좋은 직장을 찾는 것은 개인의 자유이고 시장의 논리라서 좋은 직장을 찾아 해외로 나가는 것은 어찌 보면 당연한 것이다. 그러나 중요한 것은 우리나라가 다른 나라처럼 인재 부족 문제를 해소하고자 취하는 인재 확보 전략이 다각적이지 못하다는 것에 있다. 인재 부족 문제를 해소하기 위해서는 인재 양성의 시각만이 아닌 다차원적인 전략을 모색해야 한다.

세계는 넓고 인재는 많다

우리나라는 저출산 고령화로 심각한 인구절벽 문제에 부딪힐 것으로 예측되고 있다. 정부가 지난 수년 동안 저출산 문제를 극복하기 위해 수조 원의 예산을 쏟아부었지만 그 성과는 미미한 것으로 평가되고 있으며 정책의 성과로 출산율이 증가되었다는 이야기 또한 들리지 않는다. 그렇다면 우리는 과연 이 문제를 어떻게 극복할 수 있을까?

　　김우중 대우그룹 회장의 유명한 저서 『세계는 넓고 할 일은 많다』라는 책은
발간 당시 공전의 히트를 치며 일약 베스트셀러가 되었다. 이 책의 제목을 오늘날
우리의 현실에 맞게 다시 써 본다면 '세계는 넓고 인재는 많다'가 되지 않을까 싶
다. 늘 인재가 부족했던 우리나라였지만 오늘날처럼 인재가 더욱 더 귀한 적이 없
다. 세계 경영을 위해 과거 그 어느 때보다 인재가 절실히 필요하다. 많은 글로벌
석학들 역시 우리의 인재 부족 문제에 대해 여러 차례 조언을 한 바 있다. 미래학
자인 존 나이스비트는 "세계 각지에서 인재를 모으라"고 하였고, 통계학자 한스
로슬링은 "한국이 저출산 문제를 극복하려면 새 이민정책이 필요하다"고 하였다.
이제는 세계 도처에 있는 글로벌 인재들을 어떻게 효과적으로 활용할지에 대한
고민을 해야 한다. 글로벌 경영은 글로벌 인재경영에서 시작된다. 뛰어난 인재들
을 어떻게 유인하고 활용할 것인지 그 방법이 무엇인지 생각해 보아야 한다.

　　한때 많은 공감을 받으며 인기를 끌었던 두산 그룹의 광고에 "사람이 미래다"
라는 말이 있다. 지식 경제 사회에서는 사람이 미래고 사람이 중심이다. 사람이
이동하면 미래가 바뀌고 사람이 이동하면 경제의 중심도 바뀐다. 좋은 인재가 몰
리는 기업은 흥하고 좋은 인재가 떠나는 기업은 망한다. 국가도 마찬가지다. 좋은
인재가 몰리는 나라는 흥하고 좋은 인재가 떠나는 나라는 쇠약해진다. 혁신을 주
도할 고급 인재의 유출이 계속되는 한 대한민국의 경쟁력은 갈수록 약화될 수밖
에 없다. 경쟁력의 약화는 성장 정체, 고용 악화, 실업률 증가, 소비 위축, 경제 침
체 등 연쇄효과로 이어진다. 이 연쇄파급효과를 끊을 수 있는 방법이 글로벌 혁신
인재의 활용이며 대한민국의 미래 성장은 글로벌 인재 활용에 의해 달려 있다.

　　사마천의 『사기』 「이사열전」에 "태산불양토양 고능성기대 하해불택세류 고능
취기심(泰山不讓土壤 故能成其大 河海不擇細流 故能就其深)"이란 글귀가 있다. "태산
은 한 줌의 흙도 사양하지 않으므로 그렇게 높아질 수 있고 하해는 작은 물줄기
하나도 가리지 않으므로 그 깊음을 이룰 수 있다"는 뜻이다.

　　세계 각국에 있는 혁신적 인재들이 대한민국을 찾아오게끔 하는 인재의 인바
운드 흐름을 만들어야 한다. 미국처럼 우수한 해외 인력의 유입체계를 만들어야
한다. 국가 간의 경계가 허물어지는 글로벌 시대에서 글로벌 인재의 활용은 선택
이 아닌 필수다.

싱가포르가 2018 글로벌 인재 경쟁력 지수(Global Talent Competitiveness Index, INSEAD)에서 4년 연속 세계 2위를 차지한 이유는 좋은 인재를 유인하고, 양성하고, 유지할 수 있기 때문이다. 3박자가 맞아야 한다. 기존처럼 인재 양성만을 이야기해선 안 된다. 다양한 국적의 인재들을 활용하여 새로운 혁신의 원동력으로 삼아야 한다. 이들에 의해 국가·기업 간 교류가 더욱 활발히 일어날 수 있다. 그러기 위해서는 폐쇄적인 VISA 제도, 외국인 차별문화, 글로벌 비즈니스 환경 구축 등 사회 전반에 걸쳐 새로운 변화가 필요하다.

한국에서 성공한 외국인들의 신화가 많이 만들어지도록 해야 한다. 이러한 성공 스토리들이 많아질수록 더 많은 외국인들이 대한민국을 찾게 될 것이고 대한민국은 더 큰 혁신의 에너지를 축적하게 될 것이다.

인재 활용 정책이 필요하다

2017년 우리나라 인구는 5,137만 명으로 중국의 13억 9,000만 명 대비 3.7% 수준에 불과하다. 지식이 부를 창출하는 시대의 핵심자원인 인재가 절대적으로 열세이다. 2017년 초부터 확산되고 있는 중국 위협론의 핵심에는 인재 측면에서 중과부적이 될 수밖에 없기 때문이다. 양적 열세를 극복하기 위해서는 포괄적 관점에서의 인재 활용 전략이 필요하다.

2017년 국내에 체류하고 있는 외국인의 수는 218만 명으로 전체 인구의 4.2% 수준에 불과하다. 외국인 활용도를 알아볼 수 있는 전체 취업자 중 외국인 비중 역시 4% 이하다. 호주, 캐나다가 25% 이상이며 미국, 영국, 독일이 10~20% 수준인 것을 감안할 때 우리나라의 외국인 활용 수준이 매우 낮다는 것을 알 수 있다.

인구 대비 체류 외국인 현황   (단위: 명)

구분	2013년	2014년	2015년	2016년	2017년
전체 인구	51,141,463	51,327,916	51,529,338	51,696,216	51,778,544
체류 외국인	1,576,034	1,797,618	1,899,519	2,049,441	2,180,498
외국인 비율	3.08%	3.50%	3.69%	3.96%	4.21%

* 자료: 주민등록인구현황(통계청)

전체 취업자 대비 외국인 비중[1][2](%)

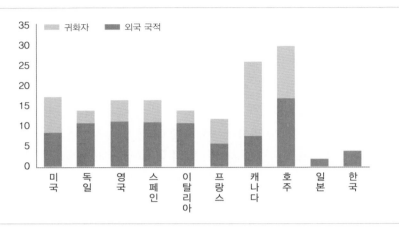

* 주: 1) 2016년, 해외출생(한국, 일본은 국적) 기준
     2) 미국은 16세, 여타국은 15세 이상 기준
* 자료: 국제경제리뷰(한국은행, 2017)

　　한국과학기술기획평가원의 조사 결과에서도 우리나라 전체 연구 인력 대비 외국인 전문인력 비중이 1.76%에 불과하여 과학기술 경쟁력에서 해외 우수인재가 기여하는 수준은 미미한 것으로 나타났다. 이러한 문제점을 개선하기 위해서라도 우리나라의 외국인 활용 수준을 보다 향상시킬 필요가 있다.

　　일부에서는 외국인 전문인력 활용 정책이 지속적이고 일관적이지 못하다고 지적하고 있다. 예를 들면 '해외 전문인력 유치 지원 사업'이 중기청에서 시행되다 2016년에 종료되었지만 같은 해 미래창조과학부에서는 사업이 신설되어 추진되었다. 이후 정부조직 개편에 의해 미래창조과학부에서 추진되던 사업이 중소벤처기업부로 이관되었고 이 역시 시행된 지 2년 만인 2018년에 다시 사업이 종료되었다. 파편화된 사업 추진을 극복하기 위해서는 국가 차원에서 필요한 해외인력 활용정책을 체계적으로 수립하고 중장기적인 관점에서 거시적으로 관리해야 한다.

　　가장 뛰어난 인력을 보유하고 있음에도 인도 인력까지 활용하는 미국, 엄청나게 많은 자국 인재를 보유하고 있음에도 해외 인재까지도 빨아들이는 중국에 비해 우리나라는 해외 인재 활용에 관심이 적다. 이래서는 미국과 중국을 따라잡을 수 없다. 중국에 비해 핵심 과학기술 자원이라 할 수 있는 R&D 연구원과 예산이 각각 ⅕,

⅓에 불과하다. 사람도 모자라고 돈도 모자란데 어떻게 중국을 이길 수 있을 것인가?

국가별 R&D 자원 비교   (단위: 천 명, 백만 달러)

국가	중국	미국	일본	러시아	독일	한국
연구원 수	1,692	1,380	666	429	401	361
R&D 예산	124,199	380,316	147,487	26,536	73,345	40,640

* 자료: OECD, Main Science and Technology Indicators 2018

우리 인력만으로는 경쟁에서 이기는 것이 불가능하다. 미국처럼 해외 인력을 활용해야 하고 중국처럼 우수 인재도 영입해야 한다. '양성'에만 힘을 쓸 것이 아니라 이미 세계 도처에 양성되어 있는 인재를 적시에 활용하는 것이 필요하다. 인재 양성은 장기간, 고비용, 인재유출 등으로 효과성에 많은 한계가 있지만 인재 활용은 즉시적, 효율적, 효과적이다.

중국이 인력 빼가기로 짧은 기간 기술 추격을 가능하게 했듯이, 우리 역시 짧은 기간에 선진국과 동등한 수준의 기술력을 확보하기 위해서는 해외 인재를 적극적으로 영입하여 활용해야 한다. 세계 최고가 되기 위해서 해외 인재 활용은 필수조건이다.

우리는 지난 수십 년간 필요한 우수한 인재를 확보하기 위해 오직 '인재 양성'이란 한 가지 방법에 의존해 왔다. 이제는 패러다임을 바꾸어야 한다. 인재를 확보할 수 있는 방법은 3가지가 있다. '인재 양성', '인재 유인', '인재 유지'다.

인재 확보를 위한 방법

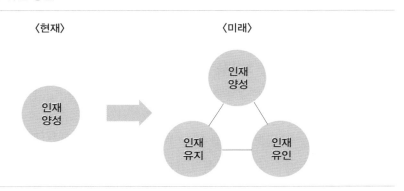

세계경제포럼이 발표한 글로벌 경쟁력 보고서(The Global Competitiveness Report 2017~2018)에 나타난 인재 관련 지표를 분석해 보면 흥미로운 사실을 알게 된다.

주요국 인재양성 · 유인 · 유지지수 현황

국가명	인재양성지수 (Higher Education and Training)	인재유인지수 (Country Capacity to attract talent)	인재유지지수 (Country Capacity to retain talent)
싱가포르	1위	5위	4위
UAE	36위	2위	2위
미국	20위	6위	3위
대한민국	25위	29위	42위

* 자료: The Global Competitiveness Report 2017~2018(WEF)

위 표에 나타난 것처럼 싱가포르는 인재 양성, 인재 유인, 인재 유지 면에서 모두 상위권을 차지하고 있다. UAE와 미국은 자국 인재를 양성하는 것에는 신통치 않지만 타국 인재를 유인하고 이들을 자국에 유지시키는 능력이 탁월하다. 쉽게 해석하면 UAE와 미국은 다른 나라 인재를 데려다 잘 활용하고 있다는 뜻이다. 인재를 유출당하고 있는 나라의 입장에서는 인재를 뺏기고 있는 셈이다.

우리나라는 인재 양성은 25위, 인재 유인은 29위, 인재 유지는 42위다. 인재를 유인하고 유지하는 경쟁력이 약하다는 것을 알 수 있다. 그간 우리가 해외 인재 유인과 유지에 적극적이지 못했다는 것을 유추해 볼 수 있다.

지수로 살펴본 주요국 인재 확보 전략

국가명	국가별 인재 확보 전략
싱가포르	타국 인재를 유치하여 자국 인재와 함께 육성하고 지속 활용
UAE	타국의 고급 인재를 유인하여 유용하게 지속 활용
미국	타국의 고급 인재를 유인하여 유용하게 지속 활용
대한민국	자국의 인재 양성을 위주로 하며 타국 인재 유인 · 유지 능력은 부족

싱가포르, UAE, 미국 등이 타국 인재를 유인하여 활용하고 있음을 감안할 때 우리도 인재 유치 및 활용에 보다 적극적이 되어야 한다. 국가 차원의 관심이 필요하다. 돈도 많이 들고 수십 년이 걸리는 인재 양성에 비해 인재 활용은 돈도 적게 들고 1~2년 내에 빠른 효과를 볼 수 있다. 국적과 인종에 무관하게 이미 양성되어 있는 세계 각국의 우수 인재들을 데려다 써야 한다. 지금은 한류 영향으로 우리나라에 오고 싶어 하는 많은 외국인들이 있다. 이들 중 혁신적인 인재들을 우리나라로 유치하여 이들이 가지고 있는 다양성의 에너지를 활용해야 한다.

인재 활용의 4분면

미국은 소프트웨어 인력을 가장 많이 보유하고 있으면서도 지구 반대편에 있는 인도 인력까지 활용하여 24시간 내내 쉬지 않고 소프트웨어를 개발하고 있다. 독일의 메르켈 총리는 2018 디지털정상회의에서 독일의 '인공지능 육성전략(AI made in Germany)'을 발표하였는데, 동 전략안에는 AI 등 신기술 분야의 숙련된 노동력을 확보하고 유지하기 위해 제3국의 인력을 '전문인력 이주법'을 통해 의도적으로 개방하겠다는 내용이 담겨져 있다. 독일 인력만으로 공급이 부족한 분야는 외국인을 적극적으로 활용하겠다는 것이다.

미국, 독일과 같이 글로벌 인재 경영을 위해서는 국적과 국경을 초월한 4분면식 사고의 접근이 필요하다. 다음의 표에 나타난 것처럼 내·외국인, 국내, 해외 인력을 모두 활용의 대상으로 삼아야 한다.

우리나라 재외동포는 740만 명, 국내 거주 외국인은 220만 명으로 이를 합하면 1,000만 명이다. 우리나라 인구 5,100만 명을 합하면 6,100만 명이 된다. 해외 거주 외국인까지로 활용 범위를 확대하면 그 숫자는 더욱 커진다. 사고의 지평을 넓히고 다양한 시각에서의 인재 활용 전략을 수립하는 것이 필요하다.

인재 활용 4분면

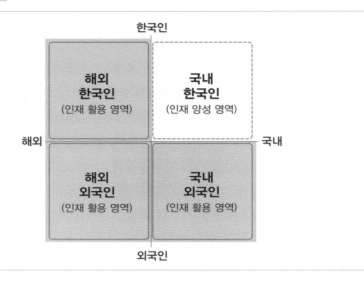

인재 활용 대상의 확장

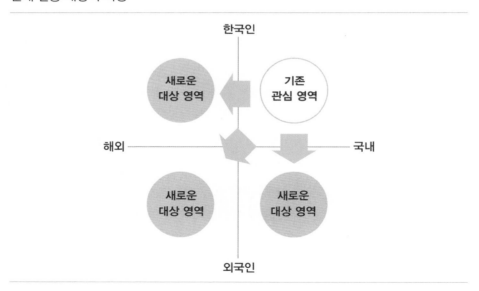

▶ **해외 거주 외국인 활용 사례**

필자는 2018년에 해외 거주 외국인을 활용하기 위한 방안으로 'Korea IT School' 이란 사업을 기획한 바 있다. 이 사업은 우리 기업이 해외 시장 개척 시 필요한 IT 분야의 현지 인력을 일정 기간 교육하여 필요 역량을 갖추도록 한 후 검증된 인력을 우리 기업에게 공급하기 위한 사업이다. 우리 기업 측면에서는 필요한 인력을 적기에 공급받을 수 있고 현지인의 입장에서는 현지에 진출한 한국 기업에 취업할 수 있는 기회를 얻을 수 있다. 커리큘럼은 우리 기업의 수요에 맞게 짜여 지고 한국어 교육도 병행함으로써 의사소통 능력까지 확보할 수 있는 교육 프로그램이다.

이 사업을 기획한 이유는 정보통신산업진흥원이 해외 진출 기업들을 대상으로 조사한 결과, ICT 중소기업의 해외 진출 실패의 가장 큰 이유가 '해외 진출과 관련한 전문 인력 부족', '검증된 현지 인력 채용 곤란' 등에 있었기 때문이다. 2019년에는 우리 기업의 진출 수요가 가장 많은 베트남을 대상으로 시범 추진될 예정이며, 베트남 정부도 자국민의 역량 증진과 취업 확대가 기대되기에 교육 공간을 무료로 제공하는 등 상호 협력하여 추진될 예정이다.

외국인 유학생 활용

저출산으로 인해 대학에 진학하는 학생 수가 지속적으로 감소함에 따라 대학의 위기가 점점 현실로 나타나고 있다. 2011년 295만 명에 달했던 대학생 수는 2018년 272만 명으로 7년 만에 23만 명이나 줄어들었고 이로 인해 지방 대학은 학생 수 감소 및 재정 위기에 직면하고 있다. 대학의 위기를 극복할 수 있는 유일한 방법은 외국인 유학생 유치에 있다. 지속적으로 감소되고 있는 학생 수 만큼 외국인 유학생을 더 유치해야 한다.

정부가 2004년 '외국인 유학생 유치확대 종합방안'을 마련한 이후 외국인 유학생은 눈에 띄게 증가해 왔다. 2003년 국내에 8,000명이었던 외국인 유학생은 2018년에 14만 2,000명으로 15년 만에 18배 가까이 증가하였다. 고무적인 현상이지만 같은 기간 국내 대학생 감소분을 보충하기에는 역부족이다. 우리나라 대학생 수가 해마다 급감할 것으로 전망되기에 향후 외국인 유학생을 유치하기 위해 더 많은 노력을 해야 한다.

2017년 1학기에 서울대 정규학위 과정의 외국인 학생은 총 1,314명으로 전체 학생 42,929명의 3% 수준이다. 아래 표에 나타난 것처럼 다양성 측면에서 세계 최고 수준인 휴스턴 대학교나 스탠포드 대학교와 비교해 보면 서울대의 외국인 학생 비율은 미미한 수준이다.

미국 대학교의 외국인 학생 비율(%)

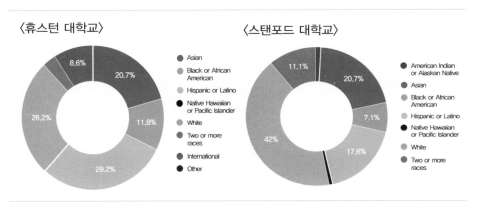

* 자료: The Top 45 Most Diverse U.S. Colleges (https://www.bestvalueschools.org)

외국인 유학생 유치와 같은 양적인 측면 외에 외국인 교원 확보, 제도와 시스템의 국제화, 문화의 국제화, 외국어 강의 진행 등 실질적인 국제화를 위한 질적 변화도 필요하다. 예를 들면 2017년 서울대에서 개설된 총 1만 904개 강좌 중 영어 강의는 1,564개로 14% 수준에 불과하다. 한국어를 못하는 외국인 유학생들의 입장에서 보면 강의 선택이 자유롭지 못한 실정이다. 서울대뿐만 아니라 다른 대학도 마찬가지다. 2017년 고려대, 경희대, 성균관대, 연세대는 해외 유학생 수가 3,000명을 넘어섰다. 위기의 대학이 생존하기 위해서는 글로벌 관점에서 대학운영 전반의 혁신 등 양적 성장을 뒷받침할 수 있는 질적 성숙이 필요하다.

국내의 외국인 유학생 수 추이

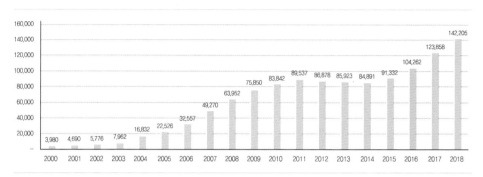

* 자료: 교육통계서비스(2018)

2017년 외국인 유학생 상위 10개 대학 현황   (단위: 명)

NO	대학명	과정별		합계
		학사과정	어학연수	
1	고려대학교	2,067	3,871	5,938
2	경희대학교	2,317	1,646	3,963
3	성균관대학교	2,399	1,126	3,525
4	연세대학교	1,073	2,370	3,443
5	한국외국어대학교	850	1,424	2,274
6	한양대학교	1,380	865	2,245
7	중앙대학교	1,265	955	2,220
8	동국대학교	1,110	1,108	2,218
9	국민대학교	1,527	662	2,189
10	건국대학교	1,162	727	1,889

* 자료: 대학 알리미 자료 재구성(각 대학의 본교 기준)

글로벌 중심대학 육성

실리콘밸리가 성공할 수 있었던 요인은 스탠포드와 같은 우수 대학으로부터 뛰어난 인재가 지속적으로 공급되었기 때문이다. 이런 관점에서 보면 우리나라의 첨단 산업이 성장하기 위해서는 마찬가지로 뛰어난 인재의 공급이 필요하다. 하지만 국내 인력만으로 산업의 수요를 충족하기에는 턱없이 부족하다. 그래서 필요한 것이 뛰어난 해외인재를 유치하여 활용하는 것이다.

현재 대학을 육성하는 정부 정책으로 '소프트웨어 중심대학', '창업선도대학', 'AI전문대학원' 등이 있다. 나는 여기에 추가로 '글로벌 중심대학'을 육성할 것을 제안한다. 글로벌 중심대학이란 학생, 교원, 강좌, 행정 시스템을 글로벌 시각에서 재정립하는 대학을 일컫는다. 외국인 학생의 적극 유치, 외국인 교원 확충, 외국어 강좌 확대, 행정 시스템의 영어화 등을 포괄하는 개념이다.

우리말을 모르더라도 학사 과정을 어려움 없이 이수할 수 있는 환경을 만들어야 우수한 해외 인재들이 유입될 수 있다. 그러한 대학을 만들어야 한다. 갈수록 줄어드는 인구문제 해소, 두뇌 유출 완화 등을 위해서 대학의 글로벌화가 필수적이다. 경제적으로는 유학적자를 줄이는 효과도 생긴다. 외국으로 빠져나가는 국내 유학생 수를 상쇄하고 남을 만큼의 효과적인 인바운드 유학정책을 추진해야 한다.

외국인 유학생 졸업 후 취업 현황 (단위: 명)

구분	졸업생	본국귀국		국내취업		국내진학		미상	
2010	10,652	4,831	45%	685	6%	3,082	29%	2,054	19%
2011	12,966	6,219	48%	1,001	8%	2,987	23%	2,759	21%
2012	16,951	8,042	47%	1,202	7%	2,717	16%	4,990	29%
2013	18,867	7,370	39%	1,194	6%	2,392	13%	7,911	42%
2014	19,024	6,999	37%	1,405	7%	2,141	11%	8,479	45%
2015	15,652	4,931	32%	1,074	7%	1,708	11%	7,939	51%
2016	14,921	4,726	32%	1,437	10%	1,311	9%	7,447	50%
2017	16,248	4,843	30%	1,498	9%	1,465	9%	8,442	52%
2018	17,773	5,649	32%	1,691	10%	1,404	8%	9,029	51%
합계	143,054	53,610	37%	11,187	8%	19,207	13%	59,050	41%

* 자료: 2018년 교육통계분석자료집-고등교육통계편 재가공(교육통계서비스)

　　2010년 통계자료에 따르면 외국인 유학생의 44%가 국내 취업을 희망하며 이 중 75%는 중소기업으로의 취직을 희망한다고 한다. 중소기업 취업을 기피하는 한국 학생들과 다르다는 점이 고무적이다. 그러나 2010년부터 2018년까지 국내에 유학을 온 전문학사, 학사, 석·박사 정규 과정 졸업생 14만 명을 대상으로 한 통계자료에 따르면 국내 기업에 취업한 인력은 8% 수준으로 턱 없이 낮은 것으로 조사되었다. 취업코자 하나 실제로 취업으로 이어지고 있지 못한 이유를 면밀히 파악해 보아야 한다. 이를 바탕으로 국내에 들어온 외국 유학생을 효과적으로 활용할 수 있는 대안 마련이 필요하다.

물이 나는 오아시스

　　중국 정부는 해외 고급 인재를 유치하기 위해 '외국인 비자 제도'를 획기적으로 개선하여 2018년 3월부터 중국 전역에서 시행하고 있다. 노벨상 수상자, 올림픽 메달리스트, 국가대표팀 코치 및 선수, 세계 일류 대학 교수나 박사 학위 취득자 및 중국 평균 임금(연봉 약 1,520만 원)의 6배 이상(한화 연봉 9,120만 원)을 받는 외국인에게는 중국 정부가 외국 인재 확인증을 발급해 주기 시작했다. 이 확인증을 발급받은 외국인은 10년짜리 복수비자를 발급받을 수 있고 한 번 방문했을 때 최장 180일까지 체류할 수 있다. 중국을 방문할 때마다 매번 비자를 발급받아야 하는 기존의 번거로움이 해소된 것이다. 고급 인재 기준 조건에 부합하는 외국인들에게 중국 정부가 문호를 크게 개방한 것이다.

　　미국도 자국에서 창업하고자 하는 외국인들을 대상으로 창업비자(EB-6)를 발급해 주고 있는데 연간 쿼터가 7만 5,000개에 달한다. 매년 7만 5,000명의 창업자를 전 세계로부터 빨아들이고 있으니 놀라운 일이다. 이들이 창업을 하고 인력을 채용하고 국가에 세금도 납부하니 미국 정부로서는 꿩 먹고 알 먹는 셈이다.

　　반면 우리나라의 비자제도는 불법체류·이민을 방지하기 위해 보수적으로 운영되고 있어 우수한 해외 인재들을 유치하는 데 많은 어려움이 있다. 비자 발급 절차가 복잡하고 규정도 모호하여 실제로 발급받기까지 많은 시간과 노력이 필요하다는 게 일선 현장의 목소리다.

'오아시스'라는 이름을 가진 우리나라의 창업 비자 프로그램이 다른 나라와 크게 다른 점이 있는데 일정 시간 이상의 '교육 이수'를 요구하고 있다는 점이다. 1일 2~3시간씩 약 7주간 동안 교육을 이수해야 하고 6개월 이상의 창업 인큐베이션을 졸업해야 한다. 그나마 교육이 수시로 있어 언제든지 이수할 수 있는 것이 아니라 정해진 시기에 과정이 개설되기 때문에 한 번 교육을 받고 다음 교육을 이수하기 위해선 몇 주를 기다려야 하는 경우도 있다.

미국이 벤처캐피탈이나 엔젤 투자자로부터 10만 달러(약 1억 1,000만 원) 이상의 투자를 받은 외국인 창업자에게 별다른 교육 이수 조건 없이 창업 비자를 발급해 주는 것과 크게 대비된다. 싱가포르, 영국, 독일, 프랑스의 경우에도 창업비자 발급 시 투자유치 확인서, 사업계획서 등을 평가하여 창업 비자를 발급해 준다. 우리나라처럼 교육이수를 조건으로 창업 비자를 발급해 주는 나라는 없다.

우리나라 창업비자 발급을 위한 오아시스 프로그램의 가장 큰 문제점은 창업 비자 획득을 위해 장시간의 교육을 이수해야 한다는 것이다. 사업 구상과 창업 준비로 바쁜 스타트업 CEO들이 강의실에 앉아 각종 교육을 들어야 한다는 것은 시간이 생명인 스타트업에게 큰 부담이다. 2014년부터 오아시스 프로그램이 시행된 이후 외국인 창업 비자 발급 실적이 저조한 이유도 여기에 있다. 실제로 우리나라를 오가며 창업을 준비하던 독일인은 기술창업 비자를 받기 위해 수업에 참가한 이후 "수업에 대한 필요성을 전혀 느끼지 못한다"는 혹평을 하며 우리나라에서의 창업을 포기하고 독일로 돌아간 사례도 있다.

다른 나라처럼 투자자로부터 투자를 유치받았을 경우 혹은 사업계획서의 타당성을 평가하는 항목이 우리나라 창업비자 프로그램에는 포함되어 있지 않다. 이제라도 다른 나라와의 비교 분석을 통해 오아시스 제도를 개선해야 한다. 그래야 메마른 오아시스에 물이 풍성해지고 많은 사람들이 찾아오게 될 것이다.

10
다양성이 경쟁력이다

월드컵 우승팀 프랑스

2018년 월드컵 우승팀인 프랑스는 대표팀 선수 23명 가운데 21명이 이민자이거나 이민자 가정 출신이다. 우리나라의 시각에서 보면 놀라운 일이다. 축구의 황제 펠레에 견줄 만큼 놀라운 기량을 뽐냈던 프랑스 팀의 대표 선수인 음바페는 카메룬인 아버지와 알제리인 어머니 사이에서 태어났다. 이런 사실은 이번 월드컵에서 뿐만 아니라 20년 전인 1998년 월드컵에서 프랑스가 우승했을 때도 마찬가지였다. 당시 프랑스 대표팀 주장 지단의 부모는 알제리 출신이었으며 당시 우승 멤버 22명 중 12명이 해외 출신이거나 이민자의 후손이었다.

2017년 4월 일간지에 흥미로운 기사가 실렸다. 케냐 출신의 에루페라는 마라토너가 있는데 우리나라 태극마크를 가슴에 달고 뛰는 게 꿈이라고 한다. 그러나 케냐 출신의 육상선수의 귀화문제에 대해 육상계에서는 찬반양론이 팽팽하게 맞서고 있다는 내용이었다. 이전까지 우리나라 마라톤 최고기록은 2000년 도쿄국제마라톤에서 이봉주 선수가 작성한 2시간 7분 20초였는데 에루페는 2016년 3월 서울국제마라톤대회에서 2시간 5분 13초의 기록을 세우며 이봉주 선수의 기록을 크게 단축시킴으로써 귀화에 대한 긍정적인 여론을 모으는 듯 해보였다. 그러나 2017년 4월 6일 대한체육회는 에루페의 '체육 분야 우수인재 특별귀화'에 대해 특별귀화 추천을 하지 않기로 결론 내리며 마라토너 에루페의 코리안 드림은 물거품이 되었다. 다행히도 에루페는 2018년 7월 31일 법무부로부터 우수인재 특별귀화 대상자로 선정되어 2년여가 넘는 귀화논쟁 끝에 한국국적을 취득하게 되었다.

다양한 인종으로 이루어진 프랑스 축구팀과 한 명의 육상 선수 영입에 2년여의 논쟁을 하는 한국 육상팀 사이에는 국적과 인종에 대한 커다란 인식의 차이가 존재하고 있다. 미래를 위해서 우리는 어떠한 선택을 해야 할 것인지 숙고해 보아야 할 사례이다.

살구색의 역사

모두
살색입니다

외국인 근로자도 피부색만 다른 소중한 사람입니다
돌아가서 우리나라를 세계에 알릴 귀한 손님입니다

우리민족은 약소국의 설움을 누구보다 잘 알고 있습니다.
일제시대의 아픔이 아직도 우리가슴에 이렇지 않고 남아있습니다.
그래서 요즘 심심찮게 들려오는 외국인 노동자 인권유린의 소식들은
더욱 우리의 마음을 아프게 합니다.
우리나라에 온 귀한 손님들에게 동방예의지국의 미덕을
다시 한번 보여줄 때입니다.

공익광고협의회
한국방송광고공사

► 인종차별을 극복하기 위한 공익광고

2001년에 김해성 목사(외국인 노동자의 집 대표)를 비롯한 5인은 크레파스 색깔 가운데 특정 색을 '살색'이라고 표현한 것은 인종차별이라며 국가인권위원회에 진정을 제기했다. 2002년 인권위는 한국산업규격ⓚ에 특정 색을 '살색'이라고 한 것은 헌법 제11조의 평등권을 침해할 소지가 있다고 결정하고 '살색' 대신 '연주황'을 쓰도록 했다.

하지만 2004년 8월, 초등학생 6명은 '연주황'이란 표현은 약할 연(軟), 붉을 주(朱), 누를 황(黃) 등 한자어 3개를 섞어 만든 어려운 단어라며 '살구색, 여린 살구색, 복숭아색, 여린 복숭아색' 등 좀 더 알기 쉬운 말로 부르게 해달라고 인권위에 진정하였으며, 2005년 '연주황'을 '살구색'으로 개정 고시하여 오늘에 이르게 되었다.

이 안건은 2011년에 인권위에 의해 '지난 10년간 일어난 대한민국 10대 차별 시정 사건'의 하나로 선정되었으며 또한 대한민국 최초로 국가인권위원회에 어린 이들이 진정서를 제출한 사건으로 기록되었다. 이제 기성세대에게 익숙했던 살색

은 사라지고 살구색이 만들어졌다. 살구색을 살색으로 표기해 온 것은 우리가 알게 모르게 얼마나 폐쇄적인 생각을 하고 있었는지를 보여 주는 사례라고 하겠다.

구글의 다양성

세계 최고의 기업은 어디일까? 지난 2016년 2월 구글은 애플을 제치고 세계 시가 총액 1위 기업으로 올라섰다. 래리 페이지와 세르게이 브린이 1998년 9월 캘리포니아 주 먼로 파크에 있는 친구 집 차고에서 창업한 후 18년 만에 어떻게 세계 최고의 기업이 될 수 있었을까? 그간 구글의 성공 요인과 관련된 많은 책들이 발간되었다. '구글은 일하는 방식이 다르다.' '구글피디어', '구글 완전정복' 등 일일이 열거할 수 없을 정도로 많은 도서들이 구글이 어떻게 성공을 할 수 있었는지? 그들의 노하우가 무엇이었는지를 설명하였다. 물론 이 책들에서 언급된 것처럼 구글이 세계적으로 성공하기까지 그들만의 성공 노하우가 있었을 것이다. 나는 그 성공 요인 중에서 아직까지 제대로 조명을 제대로 받지 못했던 '다양성'을 강조하고자 한다.

구글이 내놓은 수많은 서비스들이 전 세계 시장에서 성공할 수 있었던 요인은 바로 구글의 다양성에 있다. 여기서 말하는 다양성이란 구글 직원들의 출신 국가, 민족적 다양성을 뜻한다. 특정한 한 국가에서 성공하는 것이 아니라 전 세계의 각기 다른 문화권, 각기 다른 국가적 특성을 뛰어넘는 성공을 만들어 내기 위해서는 각 나라의 특성에 부합하는 서비스와 콘텐츠 개발이 중요하다. 프랑스 사람들의 기호에 맞는 서비스를 미국 사람들이 만들기는 어렵다. 그러나 구글에는 전 세계 각국에서 몰려든 인재들이 있어 글로벌 서비스를 만들어 내는 일이 가능하다. 사업의 기획 단계에서부터 다양한 국가 출신의 인재들이 참여하므로 자연스럽게 글로벌 서비스가 만들어질 수 있다.

2018년 구글 다양성 연간 보고서(Google Diversity Annual Report)에 따르면, 구글 직원 중 아시아인은 36%, 흑인 2.5%, 히스패닉 3.6%, 다인종 4.2% 등으로 구성되어 있고 이 중에는 한국인도 400여 명이 있다고 한다.

구글 구성원의 다양성

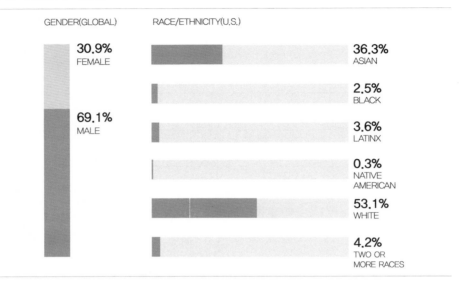

* 자료: Google Diversity Annual Report(2018)

    구글 다양성 연간 보고서에는 이런 글귀가 있다. "Diversity is a business imperative because Google builds for everyone." 번역하면, "구글은 모든 사람을 위해 만들기 때문에 다양성은 비즈니스에 있어 절대적으로 필요하다"라는 뜻이다. 구글은 다양성을 확보한 팀이 더 나은 제품과 서비스를 생산한다고 믿고 있다. 그래야만 구글의 사명처럼 세계의 정보를 체계화하고 누구나 이용할 수 있도록 만들 수 있기 때문이다.

    구글이 전 세계 어디서나 국적에 상관없이 이용될 수 있는 것은 구글에 국적, 인종에 관계없이 다양한 사람들이 모여 있기에 가능한 것이다. 이것이 바로 구글이 글로벌 서비스를 만들어 내는 핵심 노하우다.

> **구글의 사명**
>
> *Our mission is to organize the world's information and make it universally accessible and useful.*
>
> 우리의 사명은 전 세계의 정보를 체계화하여 모두가 편리하게 이용할 수 있도록 하는 것이다.

이세돌과 바둑 대결로 우리에게 너무도 잘 알려진 알파고는 영국 출신 데미스 허사비스(Demis Hassabis), 뉴질랜드 출신 세인 레그(Shane Legg), 대만 출신의 아자 황(Aja Huang) 등 다국적 멤버들이 함께 만든 작품이다. 인종, 국적에 관계없이 능력 있는 사람이면 누구나 활용하는 것이 구글과 같은 글로벌 기업들의 성장 비밀이다.

폐쇄적인 대한민국

우리는 다른 민족에 대한 개방성이 낮고 외국인에 대한 차별과 배타적 문화가 선진국에 비해 큰 편이다. 타 문화, 타 종교 등에 대한 거부감이 강하고, 수용도 역시 선진국에 비해 매우 낮다. 문화적 폐쇄성과 다양성의 부족 문제를 극복하지 않고 글로벌 무대에서 주역으로 활동한다는 것은 요원한 일이다. 글로벌 관점에서 보면 우리나라에서 통용되는 상명하달, 위계질서 문화도 수평적 가치관을 가진 외국인들에게 거부감을 야기한다. 우리나라에 정착하고자 하는 많은 외국 인재들이 국내에 정착하지 못하는 것 중의 하나가 바로 이러한 배타적, 수직적 문화다.

우리나라가 외국인에 대해 폐쇄적이라는 것을 단적으로 나타내는 통계는 우리나라에 머물고 있는 '외국인 전문 인력의 수'다. 법무부 자료에 따르면, 2017년 우리나라에 체류하고 있는 전문 인력의 수는 4만 7,000명으로 전체 인구의 0.1%가 채 되지 않는다. 인구 천 명당 1명이 안 되는 수준이다.

고급 인력이 우리나라를 찾지 않는 이유가 무엇일까? 우리가 그만큼 외국인 고급 인재를 유치할 만한 개방적 여건을 갖추고 있지 못하고 있기 때문이다. 그중한 가지 사례가 유치원 자녀에 대한 교육비 지원이다. 2018년 현재, 만 3~5세에 도달한 자녀가 유치원에 다닐 경우 학부모의 소득 수준과 관계없이 누구나 유치원 교육비를 최대 29만 원까지 정부로부터 지원을 받을 수 있다. 하지만 우리나라에 머무는 외국인의 자녀에게는 유치원 교육비가 지원되지 않는다. 외국인은 자녀의 유치원 교육비 전액을 본인이 부담해야 한다. 비록 외국인이 국가에 세금을 내고 있다고 하더라도 유치원 교육비가 지원되지 않기 때문에 외국인들은 자녀 교육비에 대한 부담을 크게 가질 수밖에 없다.

연도별 외국인 전문 인력 추이   (단위: 천 명)

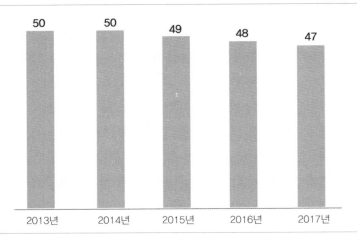

| 50 | 50 | 49 | 48 | 47 |
| 2013년 | 2014년 | 2015년 | 2016년 | 2017년 |

* 전문인력: C-4(단기취업), E-1(교수)~E-7(특정활동)
* 자료: 2017 출입국 · 외국인 정책 통계연보(법무부)

　　경기도외국인인권지원센터의 '2017 경기도 외국인 아동 기본권 실태 모니터링' 조사 결과에 따르면 미취학 외국인 아동 중 국내 보육기관을 다니지 않는 경우가 22.4%에 달한다. 국내 미취학 아동 비율 1.7%의 10배를 넘는 수준이다. 외국인 자녀에 대한 차별은 외국인 전문 인력이 우리나라를 기피하는 원인 중의 하나다. 독일, 네델란드, 노르웨이 등이 외국인에게도 대학 교육을 무료로 제공하고 있는 것과 크게 대비가 된다.

　　'2018년 WEF 국가경쟁력' 평가에서 우리나라는 인력의 다양성 항목에서 평가 대상 140개국 중 하위권인 82위를 차지한 것처럼 외국 인력에 대해 매우 폐쇄적인 나라로 국제사회에서 평가되고 있음을 재고해 보아야 한다.

　　일각에서는 외국인을 많이 받아들이면 범죄가 증가하고 치안이 불안해질 것을 우려한다. 그러나 미국 사례를 보면 이것은 사실과 다름이 입증되었다. 미국 인구조사국에 따르면 다음의 그림처럼 이민자가 증가함에 따라 오히려 범죄가 감소했으며 범죄와 이민 사이에는 아무런 상관관계가 없는 것으로 조사되었다. 이민자를 받아들일 경우 치안이 불안해질 것이라는 우려는 하지 않아도 된다. 이민자가 많은 싱가포르, 두바이도 치안이 안정되어 있음이 이를 뒷받침한다.

이민자와 범죄는 무관

• 미국, 이민자 증가함에 따라 범죄 감소(Business Insider, 2018.7.20.)
  – 이민자 증가가 가장 큰 10개 도시, 2016년에 1980년보다 범죄율이 낮아짐.
  – 범죄와 이민 사이에는 아무런 상관관계가 없음.

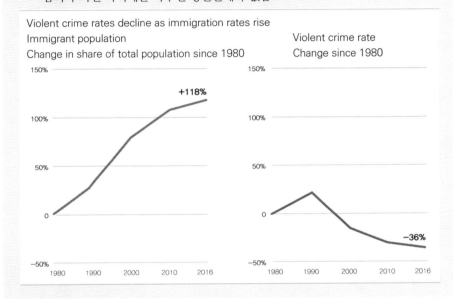

Violent crime rates decline as immigration rates rise
Immigrant population
Change in share of total population since 1980

Violent crime rate
Change since 1980

* 자료: US Census Bureau; American Community Survey; FBI Uniform Crime Reporting Program

세계에서 가장 이민 가기 좋은 나라 TOP 10

순위	국가	종합점수	경제	생활	가족
1	싱가포르	0.57	0.61	0.59	0.50
2	뉴질랜드	0.55	0.51	0.64	0.50
3	캐나다	0.54	0.53	0.60	0.49
4	체코	0.53	0.52	0.55	0.51
5	스위스	0.52	0.66	0.50	0.38
6	노르웨이	0.51	0.58	0.54	0.48
7	오스트리아	0.51	0.54	0.51	0.48
8	스웨덴	0.51	0.56	0.46	0.52
9	바레인	0.50	0.51	0.56	0.44
10	독일	0.50	0.60	0.47	0.43
36	대한민국	0.39	0.40	0.48	0.28

* 자료: HSBC(2016)

　　미국의 비영리 연구조사 기관인 Pew Research Center가 수행한 이민자 효과
에 대한 연구에서도 이민자는 인구 증가, 고령화 억제, 부족한 노동력 보충, 다양
성 증대 등의 긍정적인 효과가 있는 것으로 조사되었다. 동 기관이 2016년에 수행
한 이민자에 대한 미국인의 인식에 대한 조사에서도, 미국인들의 63%가 이민자
들이 국가 경쟁력을 강화하는 데 기여하고 있다고 생각하는 것으로 조사되었다.
우리가 간혹 뉴스로 접하는 외국인 관련 사건·사고로 인해, 외국인 이민자와 노
동자가 내국인보다 더 폭력적이거나, 더 사건·사고를 많이 발생시키고 있다는 편
견을 갖고 있지 않은지 생각해 볼 일이다.

이민자를 바라보는 미국인의 시각(%)

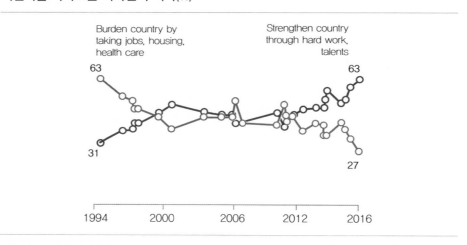

미국인들의 63%가 이민자들이 열심히 일하고, 재능을 가지고 있어 국가 경쟁력을 강화하는 데 기여를 하고 있
다고 생각하고 있으며, 단지 27%만이 일자리, 주거, 의료 부문 등에 있어 국가에게 짐이 된다고 생각하고 있다.
* 자료 : Pew Research Center, 2016

다양성의 부족이 발목을 잡는다

　　나는 가끔 우리나라 벤처붐이 일던 시기에 황금기를 장식했던 싸이월드, 아이
러브스쿨, 다이얼 패드와 같은 기업들을 떠올려 본다. 싸이월드는 당시로선 상상
하기 힘들었던 일일 접속회원 100만 명이란 신기록을 창출했다. 이들 기업은 공

통점이 있는데 싸이월드, 아이러브스쿨은 페이스북보다 5년 앞서 서비스를 제공했고 다이얼 패드 역시 스카이프보다 5년 먼저 서비스를 내놓았다. 오늘날 세계 시장을 석권하다시피 한 글로벌 기업보다 무려 5년이나 일찍 서비스를 내놓았지만 아쉽게도 지금은 그 존재를 찾아보기가 어렵다. 우리나라 벤처 1세대를 대표했던 이들 기업이 역사 속으로 사라진 이유는 무엇일까? 나는 그 원인 중의 하나가 글로벌화의 실패에 있다고 생각한다. 만일 이들 기업의 창업 멤버 중에 해외 인력이 포함되어 있었다면 이들 기업은 지금쯤 페이스북이나 스카이프를 능가하는 기업이 될 수도 있었다고 생각한다. 글로벌 시장에서 성공하기 위해서는 멤버부터 글로벌화되어 있어야 한다. 동양인이 서양인의 기호에 맞는 제품과 서비스를 개발하기 어렵기 때문이다.

스마트 워치의 페이스를 디자인하는 주식회사 앱포스터라는 우리나라 스타트업이 있다. 2012년 대한민국 앱 어워드 대상, 2016년 대한민국 모바일 어워드 우수상을 수상했으며, 2018년 7월 현재 총 1,000만 건 이상의 시계 디자인을 다운로드했을 정도로 많은 고객을 확보하고 있는 유망 기업이다. 회사 대표로부터 그 회사가 겪었던 존폐 위기의 일화를 들은 적이 있다. 간단한 스마트 워치용 게임을 출시해 보자는 직원의 아이디어로 만들어진 '최후의 심판(Judgement Day – Heaven or Hell)'이란 게임으로 인해 이 회사가 고충을 겪은 일화다.

'최후의 심판'은 흰색과 검은색 캐릭터가 등장하고 게이머는 염라대왕 역할을 하며, 천국이(흰색)는 천국(오른쪽)으로, 저승이(검은색)는 지옥(왼쪽)으로 신속하게 구분하여 좌우로 보내는 게임이다. 가벼운 마음으로 '최후의 심판 – 천국 또는 지옥'을 출시했던 앱포스터는 이 게임으로 인해 그야말로 천국과 지옥을 오고 간 경험을 하게 된다.

완성된 제품을 앱 스토어에 등록하자 세계 각국으로부터 많은 이용자들이 다운로드를 받기 시작했다. 당초 기대치보다 많은 수의 다운로드가 발생하여 내심 기뻐하던 것은 잠시, 갑자기 전 세계의 유저로부터 항의 메일이 쏟아지기 시작했다. 회사를 가만 두지 않겠다는 협박과 위협을 받게 되면서 회사는 삽시간에 아수라장이 되었다. 이유는 천국이는 백인을 상징하여 천국으로 보내고 저승이는 흑인을 상징하여 지옥으로 보내는 게임은 인종차별을 다루고 있다는 것이었다.

　　전혀 생각지 않은 인종차별 문제가 게임에 내재되어 있음을 뒤늦게 깨달았지만 이미 엎질러진 물이었다. 게임 다운로드를 즉시 중단하고 그런 의도가 전혀 없었음을 해명하고 사태를 진정시키려 애를 썼지만, 이를 무마하기까지는 장장 7~8개월 가까운 천금 같은 시간이 소요되었다. 한국인의 입장에서 보면 흰색이든 검은색이든 문제가 될 게 없지만 흑백 논리로 인종차별을 겪고 있는 서양인의 입장에서 보면 이는 도저히 용납할 수 없는 사안인 것이다.

　　이 이야기를 들으면서 나는 한 가지 자문을 해보았다. 만일 이 회사 멤버 중에 백인이나 흑인이 있었더라면 이런 문제가 생겼을까? 추정하건대 아마도 이러한 일은 처음부터 생기지 않았을 것이다. 기획 단계에서부터 다양한 문화적 배경을 통해 외국인의 사고와 문화가 반영될 수 있었을 것이기 때문이다. 글로벌 서비스를 만들기 위해서는 다국적·다문화로 이루어진 글로벌화된 팀이 필요한 이유다.

　　다행히 앱포스터는 이 일을 슬기롭게 극복하고 스마트 워치 페이스 제작 글로벌 전문기업으로 성장해 나가고 있다.

► 스마트 워치용 게임, '최후의 심판 – 천국 또는 지옥'

* 자료: 앱포스터

실리콘밸리 성공 요인 베껴도 안 되는 이유

아이디어랩을 설립한 빌 그로스는 그의 TED 강연 '스타트업이 성공하는 가장 큰 이유(The single biggest reason why startups succeed)'에서 스타트업이 성공하기 위해 필요한 5가지 요인을 아이디어, 팀, 비즈니스 모델, 자금, 타이밍으로 제시하였다. 그는 실리콘밸리에서 성공했거나 혹은 실패했던 200개 이상의 기업들을 조사하면서 스타트업의 성공과 실패에 어떤 요소가 가장 큰 영향을 주는지 연구하였고 그가 제시한 결과는 매우 흥미로웠다. 그는 5가지 요인 중에서 가장 중요한 것은 '타이밍'이며, 스타트업의 성공과 실패를 구분 짓는 중요도가 42%라고 주장하였다.

대표적인 사례가 에어비앤비다. 에어비앤비는 처음에 많은 투자자들로부터 회의적인 평가를 받았던 것으로 유명하다. 왜냐하면 투자자들 대부분이 누구도 자기 집을 낯선 외부인에게 빌려주려 하지 않을 것이라 생각했기 때문이다. 하지만 에어비앤비는 초대형 기업으로 성장했고 성공할 수 있었던 가장 큰 요인은 사람들이 자기 집을 빌려주고서라도 돈을 필요로 했던 경기 불황 시기에 사업을 시작했기 때문이라고 한다.

스타트업의 5가지 성공 요인

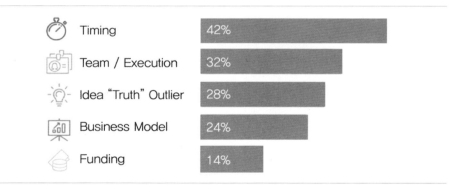

* 자료: The single biggest reason why start-ups succeed(Bill Gross)

재미있는 내용이다. 하지만 이것은 실리콘밸리의 이야기다. 5가지 모두 적절하고 꼭 필요한 요인이지만 우리나라 스타트업들이 이 5가지를 똑같이 받아들여도 그들처럼 크게 성공하지 못한다. 왜냐하면 실리콘밸리와 대한민국은 환경적인 면에서 크게 다른 점이 있기 때문이다. 실리콘밸리에서는 너무나 당연해서 아무도 중요하게 생각하지 않는 것이지만 우리나라 스타트업에겐 없어선 안 될 중요한 요소가 하나 더 있다. 그것이 바로 '다양성'이다. 한국 내의 스타트업이 아니라 글로벌 스타트업이 되기 위해서 다양성은 반드시 필요한 요소이다.

글로벌 스타트업으로 성장하기 위한 필요 요소

실리콘밸리	대한민국
아이디어 팀 비즈니스 모델 자금 타이밍	아이디어 팀 비즈니스 모델 자금 타이밍 다양성

　　시장조사 기관인 Startup Genome이 발표한 'Global Startup Ecosystem Report 2017'에 따르면 실리콘밸리의 창업자 중 이민자의 비율은 45%에 달하는 것으로 조사되었다. 이러한 영향으로 실리콘밸리에서 출시되는 제품은 평균적으로 2개의 언어로 출시되고 있다. 기본적으로 영어와 다른 나라의 언어 두 가지로 출시되고 있다는 뜻이다. 출시되는 언어의 숫자보다 더 중요한 것은 다양성의 확보에 있다.

주요 도시 스타트업 해외 인력 비중과 OECD 주요국 이민자 비율

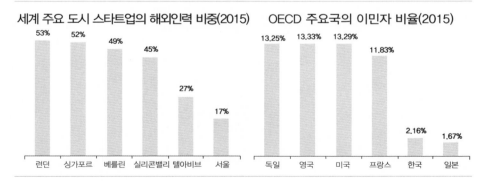

세계 주요 도시 스타트업의 해외인력 비중(2015)
런던 53% / 싱가포르 52% / 베를린 49% / 실리콘밸리 45% / 텔아비브 27% / 서울 17%

OECD 주요국의 이민자 비율(2015)
독일 13.25% / 영국 13.33% / 미국 13.29% / 프랑스 11.83% / 한국 2.16% / 일본 1.67%

* 자료원: COMPASS[1](좌), OECD[2](우)

1) 'The Global Startup Ecosystem Ranking 2015'에서 인용
2) 한국과 일본은 90일 이상 체류 외국인, 그 외 국가는 해외에서 출생한 외국인 이민자로 산출

다양성의 부족은 글로벌 네트워크를 구축하는 데 장애요인으로 작용한다. 우수한 외국인 창업가와 인재를 유치하여 활용하는 것은 창업 생태계 발전에 중요한 의미를 가진다. 해외 인재는 우리에게 생소한 전혀 다른 관점의 아이디어를 제공하기도 하지만 출신 국가와의 인적 네트워크를 확장시키는 데 중요한 역할도 할 수 있다. 이것은 내국인이 못하는 부분이다. 뿐만 아니라 현지 마케팅, 시장 조사, 비즈니스 문화 적응 등에서도 마찬가지다. 타깃 시장을 개척하기 위해서 반드시 현지 출신 인력의 도움이 필요하다.

스타트업 글로벌 진출 성공 요인

Data와 able을 결합한다는 의미의 이름을 가진 데이블은 독자의 관심사에 맞게 개인화된 맞춤형 광고를 내보낼 수 있는 기술을 가진 스타트업이다. 2015년에 설립된 신생기업이지만 탄탄한 기술력을 바탕으로 2016년도 대한민국 온라인 광고대상 최우수상을 수상하는 등 해당 영역의 광고시장에서 국내 1위의 입지를 다지고 있다.

데이블은 빅데이터와 머신러닝 기술을 결합하여 독자들의 관심사를 파악하고 이에 맞는 광고만을 선별적으로 노출함으로써 거부감을 낮추고 전달효과를 극대화하는 솔루션을 갖고 있다. 데이블은 국내뿐 아니라 아시아 시장 진출을 준비하고 있던 차에 필자가 2016년에 기획·추진한 '스타트업 다국적화 지원사업'에 참여하게 되었다. 스타트업 다국적화 지원사업은 기업 성장을 위해 해외 인재가 필요하지만 자금 및 행정상의 어려움으로 필요한 인재를 채용하기 어려운 기업들을 대상으로 인건비의 일부를 보조하고 채용에 필요한 비자발급, 노무, 조직문화에 대한 컨설팅을 제공해 주는 사업이다.

이때 대만 출신 인재를 영입하게 되면서 데이블의 대만 시장 진출은 탄력을 받게 되었다. 데이블의 첫 외국인 직원은 대만에 있던 한국계 기업에서 경력을 쌓은 인재인데 중국어, 영어, 한국어 등 뛰어난 외국어 실력을 바탕으로 대만 기업들을 상대하는 데 탁월한 능력을 발휘하였다. 그는 현재 대만 비즈니스의 A부터 Z까지를 담당하는 것 이외에도 대만 시장에 맞는 제품이 개발될 수 있도록 돕는 역할도

하고 있다. 데이블은 대만 출신 인력의 합류로 우리나라와 상이한 비즈니스 문화를 가진 대만에서 Zi Media, Kpopn, DailyView 등 현지 주요 매체사들과 파트너십을 맺으며 월평균 35%씩 빠르게 사업을 확장해 나갈 수 있었다.

대만에서의 성공 경험을 바탕으로 인도네시아 출신 인재도 채용하였는데 디지털 마케팅 기업에서 근무한 경험을 가진 현지 인재는 인도네시아 시장을 담당하면서 현지 네트워크를 활용하여 인도네시아 시장 진출에 핵심적인 역할을 하고 있다. 데이블은 인도네시아 진출 6개월 만에 TOP 20 언론사 중 약 40% 매체와 파트너십을 체결하는 등 인도네시아 제1의 개인화 추천 기술 기업으로 자리잡았다.

데이블이 해외 시장 개척에 성공할 수 있었던 핵심 노하우 중의 하나가 바로 현지인 채용이었다. 해외 진출 시 많은 사람들이 걱정하는 것이 언어이지만 더 문제가 되는 것은 현지 문화에 대한 이해다. 데이블은 이 두 가지 문제점을 한 번에 해결하기 위해 현지 인력을 채용하였다. 처음 채용되는 현지 직원은 직원 이상의 의미를 가진다는 것이 데이블 담당 팀장의 이야기다. 왜냐하면 첫 직원은 현지 시장을 개척하는 프론티어이자 성공의 척도가 되기 때문이다. 따라서 데이블은 최고의 인재를 채용하는 것을 원칙으로 하고 있다. 2015년 5월 4명이 뜻을 모아 창업한 데이블은 2018년 10월 현재, 설립 3년 만에 전체 직원이 42명일 정도로 급성장하였다. 특히 해외사업팀 직원 8명 중 6명이 외국인일 정도로 해외 인력을 적극적으로 활용하고 있다. 스타트업이 글로벌 시장을 개척하는 데 있어 다양성의 확보가 얼마나 중요한 역할을 하는지 데이블의 성공 경험을 통해 확인할 수 있다.

마치며

「머니 볼」은 2011년에 개봉한 브래드 피트 주연의 스포츠 영화다. 재밌는 것은 이 영화가 실화를 배경으로 만들어졌다는 것이다. 140년 메이저리그 역사상 가장 기적 같은 역전 드라마를 펼친 오클랜드 애슬레틱스에 관한 영화다. 이 영화에는 스타 플레이어 하나 없는 가난한 애슬레틱스가 어떻게 수많은 강팀들을 이기고 좋은 성적을 낼 수 있었는지에 대한 그들만의 새로운 승리의 법칙이 그려져 있다. 비즈니스 세계와 마찬가지로 스포츠 세계도 자본의 경쟁이 장이 되어가고 있는 상황에서, 부자 구단과 가난한 구단의 격차는 구단의 성적에서 극명하게 드러난다. 메이저 리그 만년 꼴찌 팀을 벗어나지 못하는 오클랜드 애슬레틱스 단장이 된 빌리 빈(브래드 피트 역)은 돈도 없고 실력도 없는 오합지졸 팀을 챔피언 팀으로 만들겠다고 구단주에게 말을 하는데, 구단주는 이렇게 응답한다. "빌리 우리는 조그만 팀이야, 그리고 넌 조그만 팀의 단장이고, 나에게 없는 돈을 나에게 요구하지마. 대신 우리가 가지고 있는 돈 안에서 우리 팀을 빠져나간 선수들을 대체할 수 있는 선수를 찾아봐."

새로운 선수 영입을 위해 구단의 스카우터들과 대화하는 장면이 나오는데 여기서 빌리는 스카우터들에게 이런 재밌는 표현을 한다. "우리가 풀어야 할 문제는 저기 돈 많은 팀들이 있고, 돈 없는 팀들이 있고, 그리고 여기에 거지들이 있는데, 우리는 그 거지들보다 아래에 있다는 게 문제야. 이것은 불공정한 게임이라구!" "우린 다르게 접근해야 돼"라고 하며, 기존의 선수 스카우트 방식의 비효율성을 지적하고 새로운 통찰력으로 팀을 재구성해 나갔다.

빌리는 적은 예산으로 팀을 우승토록 하기 위해 다른 접근을 시도하는데, 그들이 가지고 있던 모든 야구 데이터를 분석하는 것이었다. 야구를 숫자로 재해석한 그들은 그들만의 체계적이고 과학적인 방법으로 데이터를 재해석하고, 다른 구단은 원치 않는데 알고 보면 성적이 좋은 선수들만 고르는 전략을 취했다. 그렇게 해서 그들은 저평가된 선수들을 헐값에 사들였다. 편견 등으로 타 구단에서는 인정받지 못하거나, 잘 다듬어지지 않은 어린 선수, 시장에서 과소평가된 기존 선수들을 하나 둘씩 모아, 그들이 가진 가치를 발휘할 수 있는 기회를 제공함으로써 31개 팀들 중에서 2위까지 성적을 올린다. 영화는 진흙 속의 진주들을 찾아 미국 야구 역사상 20연승이란 기적을 탄생시키는 장면과 함께 막을 내린다.

영화 속에 나오는 애슬레틱스팀의 어려운 상황은 어찌 보면 지금 우리나라 현실과 비슷하다. 우리 역시 경쟁력의 척도가 되는 영토, 자원, 인재 모두가 부족하기 때문이다. 하지만 빌리 빈이 뉴욕 양키스의 방식을 따르지 않고 그들만의 '다른 접근'으로 가난한 구단을 최고의 팀으로 만들었듯이, 우리도 우리만이 할 수 있는 '다른 접근'을 제대로 해내면 또 하나의 성공신화를 만들 수 있다.

살아남기 위해서는 지금까지 해왔던 방식을 바꿔야 한다. 이 책은 우리가 찾아야 할 '다른 접근'으로 '인바운드' 패러다임과 '인투 코리아(In2Korea)' 전략을 제시하였다. 새로운 성장동력 분야로, 우리가 경쟁력을 가지고 있고 다른 나라에 비해 가장 잘할 수 있는 IT, 문화, 패션, 의료, 관광 등 5가지 산업을 제시하였다. 국가 경쟁력 증진의 핵심 요소인 인재 확보 방안으로서 그간 취해 온 '인재 양성' 정책의 한계를 지적하고, 대안으로 '인재 활용' 정책을 제시하였다. 마지막으로는 대한민국이 가진 폐쇄적 문화를 극복하고 다양성을 확보하는 것이 국가와 기업의 미래 경쟁력을 증진시킬 수 있는 중요 요소임을 기술하였다. 이러한 일련의 내용이 대한민국이 오늘 겪고 있는 저성장, 저출산, 저고용의 문제를 해결하고, 미래 성장을 위한 새로운 방향 정립에 일조되기를 기대한다.

> In2Korea는 변방이 아니라 중심의 전략이다.
> In2Korea는 찾아가는 것이 아니라 찾아오게끔 하는 전략이다.
> In2Korea는 과거가 아니라 미래를 위한 전략이다.

참고자료

- 수출의 내수 파급효과 분석(박종현, 백재민, 2018)
- 서비스산업 해외 진출을 위한 제도 개선방안(한국무역협회, 2018)
- 서울대학교 다양성보고서 2017(서울대학교, 2017)
- 한국 의료관광 산업 생태계 현황분석 및 의료관광 활성화 중장기 전략 보고서(한국관광공사, 2016)
- 붐붐 두바이 – 발전과정 & 성공요인(박재룡, 삼성경제연구소)
- 직접투자의 고용 순유출 규모 분석(최남석, 한국경제연구원, 2018)
- 중동·아프리카 비즈니스 hub로서 두바이의 발전전략과 시사점, 전일수, 인천대학교 동북아물류대학원)
- 2017 외국인 투자기업 경영환경 애로조사 보고서(코트라)
- CDMA 성공요인 실증분석(오길환, 설성수, 안춘모)
- CDMA 기술 개발 및 산업 성공요인 분석(오길환, 2002)
- 2017 외국인환자 유치실적 통계분석 보고서(한국보건산업진흥원, 2018)
- 2017 경기도 외국인 아동 기본권 실태 모니터링(경기도 외국인 인권지원센터)
- 미국의 이민동향과 인구변화에 미치는 영향(임성은, 한국보건사회연구원, 2015)
- 한국의료관광마케팅(문화체육관광부, 2016)
- 2017 출입국·외국인정책 통계 연보(법무부)
- 제3차 외국인정책 기본계획(2018년~2022년)(법무부, 2018)
- 독일 박람회 디렉토리 2018·2019(한독상공회의소)
- Global Startup Ecosystem Report 2017(Startup Genome)
- Singapore in Figures 2018(싱가포르 통계청)

- Immigration, Population, and Foreign Workforce in Singapore: An Overview of Trends, Policies, and Issues(Hui Yang Nanyang Technological University, 2017)
- The Most Entrepreneurial Group in America wasn't born in America(Adam Bluestein, 2015)
- IMD World Talent Ranking(IMD, 2018)
- The Global Competitiveness Report 2017－2018(WEF)
- The Global Competitiveness Report 2018(WEF)
- The Global Talent Competitiveness Index 2017(INSEAD)

인투코리아

초판발행	2019년 8월 10일
지은이	김득중
펴낸이	안종만 · 안상준
편 집	배규호
기획/마케팅	김한유
표지디자인	박현정
제 작	우인도 · 고철민
펴낸곳	(주) **박영사**
	서울특별시 종로구 새문안로3길 36, 1601
	등록 1959. 3. 11. 제300-1959-1호(倫)
전 화	02)733-6771
f a x	02)736-4818
e-mail	pys@pybook.co.kr
homepage	www.pybook.co.kr
ISBN	979-11-303-0780-0 03320

정 가   14,000원